LE MANAGER PRESQUE PARFAIT

... et qui ne cherche surtout pas à le devenir !

MANAGEMENT / LEADERSHIP

LE MANAGER PRESQUE PARFAIT

... et qui ne cherche surtout pas à le devenir !

DUNOD

Graphisme de couverture : Hokus Pokus
Visuel de couverture : © Shutterstock
Conception de maquette intérieure et mise en page : Nord Compo

5 rue Laromiguière, 75005 Paris
www.dunod.com

ISBN 978-2-10-074827-3

Remerciements

Merci à David pour son soutien et son aide tout au long de ce projet, ainsi qu'à Violaine pour ses relectures attentives.

Merci également à l'équipe d'Animae qui, pendant que j'écris ces lignes, s'efforce d'aider nos clients à traduire et faire vivre nos convictions sur la relation humaine.

Merci enfin à Virginie Guyot, Jean-Paul Mialet et Ludovic Simon pour leurs témoignages pertinents.

Sommaire

Avant-propos

Lyon, Stade Gerland, Dimanche 1er décembre 1991, 16 h 45, Finale de Coupe Davis, France/États-Unis

Balle de match. Le public est au comble de l'excitation ; l'arbitre peine à obtenir le silence. Sous les encouragements de ses équipiers, après un dernier regard échangé avec son capitaine, le tennisman Guy Forget s'apprête à servir. Au bout de ses doigts, à peine 60 g de caoutchouc et de feutrine jaune qui, à cet instant, lui semblent peser 6 kg. En face, Pete Sampras, balayé l'avant-veille par un Henri Leconte transfiguré, s'efforce de rester concentré malgré l'ambiance surchauffée.

Suivant le schéma tactique prévu avec Yannick Noah, le capitaine de l'équipe, Guy Forget choisit de servir sur le revers de son adversaire, pour monter immédiatement au filet. Coupant la trajectoire du retour de Sampras, Forget pose une belle volée de revers, qui semble donner le point de la victoire au camp français. Le public exulte. Certains membres du staff français sautent déjà sur le terrain. Mais le champion américain, dans un plongeon acrobatique, réussit du bout de sa raquette à renvoyer la balle. Celle-ci semble flotter au-dessus du filet, suspendue, comme l'est aussi le public, soudain coupé dans son élan de joie.

Le stade retient son souffle en regardant la balle rebondir juste derrière le filet, du côté de Forget. Techniquement, la balle est facile à jouer : un coup droit basique, une balle de débutant. L'affaire est d'autant plus facile à exécuter que Sampras est à terre, hors des limites du terrain. Mais mentalement, c'est une autre histoire…

•••

• • • Forget dira, après son match, la peur qu'il a eue, dans cet instant, de rater l'inratable, de « boiser » son coup, de mettre la balle dans le filet. Les images de ce point décisif le montrent appliqué comme un débutant, poussant fébrilement et presque maladroitement la balle au-dessus du filet. « Le coup droit le plus pourri de ma carrière », en rira-t-il plus tard. Et pourtant, expliquera-t-il, ce coup médiocre marque aussi le meilleur et le plus beau moment de sa vie de tennisman.

Je n'ai que rarement revu ces images et pourtant, comme beaucoup de Français, elles continuent de me marquer, d'autant qu'à cette époque, les victoires sportives françaises étaient plus rares qu'aujourd'hui : la « bande à Noah » montrait en quelque sorte la voie qu'emprunteront ensuite les footballeurs en 1998, mais aussi les handballeurs, ou plus près de nous les nageurs. Pour reprendre le sous-titre du livre de Fabrice Abgrall et François Thomazeau[1], cette victoire de 1991 marque la « naissance de la France qui gagne ».

Je me souviens exactement de ce que je faisais ce dimanche-là, et surtout de mes états d'âme, partagés entre la satisfaction et la fierté que m'avait procuré cette équipe de France de Coupe Davis et mes interrogations existentielles d'étudiant.

À cette époque, en effet, je m'apprêtais à rentrer à Sciences Po, sans idée ni motivation précises de carrière, contrairement à beaucoup de mes camarades de jeu, futurs énarques déjà engagés en politique, ou apprentis cadres en marketing. Malgré tout, je poursuivais mes études (à moins que ce ne soient les études qui me poursuivaient…) consciencieusement.

Ce dimanche soir, dans le train qui me ramenait vers Paris, la perspective d'une nouvelle semaine de cours d'analyse financière des entreprises, d'histoire des idées politiques et de droit des affaires me paraissait monstrueusement terne, à côté de ce que semblait vivre la « bande à Noah ». Les quelques expériences que j'avais eues en entreprise m'avaient,

1 Fabrice Abgrall et François Thomazeau, *Coupe Davis 1991, Naissance de la France qui gagne*, Éditions Hugo & Compagnie, 2011.

elles aussi, laissé entrevoir plus de morosité que de générosité, et je redoutais de passer ma vie dans cet environnement pour moi dénué de tout sens.

La vie rêvée devait être ailleurs : le sport (le tennis en particulier), le dessin, la musique me faisaient bien plus vibrer que le marketing, le droit et la finance (surtout la finance…). Mais, comme ce train qui roulait vers Paris, j'étais sur des rails : Sciences Po Paris, première étape sur la « voie royale » pouvant mener vers l'ENA ou les grandes écoles de commerce.

Ce soir-là, le train, le vrai, s'est contenté d'arriver à l'heure quai n° 15 de la Gare du Nord – performance déjà remarquable pour ce Corail hors d'âge – alors que, toujours posé sur les rails de cette voie qui me semblait toute tracée, j'empochais mon diplôme de Sciences Po, rejoignant ensuite l'ESCP pour me spécialiser en marketing et communication.

C'est là, plongé dans un environnement encore plus en décalage avec mes aspirations profondes que ne l'était Sciences Po, que j'ai actionné l'aiguillage, pour emprunter d'autres voies moins rectilignes certes, mais plus stimulantes.

La première de ces voies m'a emmené vers le monde du tennis, avec en tête ces images encore fraîches de Coupe Davis. Je rejoins alors une grande entreprise américaine, spécialisée dans le management sportif, au sein de laquelle je croise quelques-uns de ces champions que j'avais admirés, Yannick Noah, Cédric Pioline, Fabrice Santoro ou Pete Sampras entre autres. La recherche de sponsors, les relations presse, les relations publiques, la gestion de patrimoine ou celle des affaires courantes ne m'intéresse guère. Le domaine qui me passionne, c'est ce que les spécialistes appellent alors la préparation mentale. Je découvre que ce n'est finalement pas tant le tennis qui me motive que la compréhension de ces mécanismes qui font les grands champions, au-delà de leur maîtrise du jeu et de leurs qualités physiques.

À la même époque, mon chemin croise celui du CRECI[1] – organisme de conseil et de formation en management auquel appartient d'ailleurs

1 Le CRECI, Centre de Recherche sur la Croissance Industrielle a été créé par Christian Lemoine, à la fin des années 1970. Ce dernier a été l'inventeur du « management motivationnel ».

Henri Dumont, alors coach de Cédric Pioline, et connu pour ses méthodes originales, en décalage avec la politique de la Fédération Française de Tennis. Avec cette rencontre s'ouvre une nouvelle voie, celle dans laquelle je suis resté depuis la fin de l'aventure CRECI, celle qui continue aujourd'hui à me passionner et à animer les équipes d'Animae, le cabinet que mes associés et moi développons depuis 2007 : accompagner tous ceux qui ont charge de faire progresser et réussir d'autres individus, les patrons ou managers et leurs équipes, les enseignants et leurs élèves, les entraîneurs et leurs champions… Quel que soit l'univers (l'entreprise, l'école, le sport…), le constat est le même : la qualité de la relation entre le « manager » et le « managé » est un facteur clé de la réussite durable du tandem. Il existe manifestement des relations qui font réussir, qui créent le désir, poussent à s'engager, à progresser et se dépasser. Il en est d'autres qui stressent, démotivent, freinent et font échouer… quand elles n'ont pas poussé le « managé » à fuir avant – ce qui n'est pas plus mal, d'ailleurs ! Comme le dit l'historien britannique Arnold Toynbee, « les composantes de la société ne sont pas les êtres humains, mais les relations qui existent entre eux ».

Voilà ce qui m'avait tant plu au fond, ce 1er décembre 1991, en regardant Guy Forget gagner ce point décisif en finale de Coupe Davis. Certes, la victoire historique de l'équipe de France (59 ans après la dernière coupe gagnée par les Mousquetaires[1]). Certainement aussi, l'exceptionnel niveau de qualité du jeu atteint par Leconte et Forget ce week-end-là, le suspens entretenu tout au long de ces trois jours, ou encore l'ambiance survoltée du public de Gerland… Un peu de tout ça sans doute. Mais surtout, l'incroyable alchimie qui semblait s'être créée dans cette « bande de potes » – puisque c'est ainsi que Yannick Noah qualifiait cette équipe. À la fois ami, confident, capitaine, grand frère, coach, préparateur

1 L'équipe de France de l'époque (Les Quatre Mousquetaires : Jean Borotra, Jacques Brugnon, Henri Cochet, René Lacoste et le cinquième Mousquetaire : Christian Boussus) a gagné six fois de suite la Coupe Davis, de 1927 à 1932. Il faudra attendre 1991 pour voir le Saladier d'Argent revenir en France. Depuis, l'équipe de France a remporté à nouveau deux fois la Coupe Davis, en 1996 et en 2001. Elle a perdu quatre fois en finale, en 1999 contre l'Australie, en 2002 contre la Russie, en 2010 contre la Serbie, puis en 2014 contre la Suisse.

mental, manager, Noah a montré cette année-là (et à nouveau en 1996) que la qualité de relation pouvait créer les conditions du succès.

Au moment où l'ancien vainqueur de Roland-Garros accepte le poste de capitaine, quelques mois auparavant, peu nombreux sont ceux qui parient sur une victoire. Et même si les premiers tours semblent démontrer un « effet Noah » (victoire facile contre Israël en huitième de finale, plus compliquée contre l'Australie en quart de finale), les chances de victoire paraissent minces en finale, face à l'équipe américaine, qui aligne cette année-là Andre Agassi et Pete Sampras en simple, et Flach/Seguso en double, alors meilleure paire du circuit. Côté français en effet, la sélection de Noah, sur le papier, ne fait pas le poids. Ses choix font d'ailleurs l'objet de controverses. Celui de Guy Forget, récent vainqueur du tournoi de Paris-Bercy, contre le même Pete Sampras, paraît incontestable ; mais la titularisation d'Henri Leconte, qui se remet à peine d'une grave blessure, ne fait pas l'unanimité. Mais Noah, cette année-là, fait le choix de la relation, de la confiance, de l'amitié, comme il l'a confirmé après la victoire : « [Forget et Leconte] jouaient bien pour moi ! Pas grâce à moi. »

Noah le résume, dans la préface du livre d'Abgrall et Thomazeau :

> *« Nous n'avons pas gagné la Coupe Davis pour donner des leçons. […] Nous l'avons fait seulement pour nous. Par amitié. Seulement par amitié. Elle est là sans doute la vérité de cette victoire. L'amitié, la complicité, la confiance absolue entre toutes ces personnes, aussi différentes que nous étions, que nous sommes, peuvent déplacer des montagnes. Aujourd'hui encore, ce n'est pas de la fierté que nous en gardons. Mais un lien si fort, si solide qu'il résiste aux années. Qu'il se bonifie même. Ce week-end de décembre, si la France a gagné un match, moi j'ai surtout gagné des frères. Pour la vie. »*

Comme la victoire de l'équipe de France en Coupe du Monde de football, en 1998, ou comme celles remportées par les Barjots puis les Experts en handball, ou encore comme les médailles collectées aux J. O. par nos champions, cet épisode de Coupe Davis reste un fait hors normes. Il est toujours facile après coup d'en faire une analyse orientée, pour démontrer évidemment ce que l'on voulait prouver. Il est aussi trop simple d'en tirer des recettes magiques, transposables à tous les univers.

Pour autant, Yannick Noah, Aimé Jacquet, Daniel Costantini et Claude Onesta, Fabrice Pellerin et tant d'autres entraîneurs d'athlètes ou d'équipes victorieuses ne sont ni des gourous, ni des magiciens, ni des sorciers. Leurs résultats, et avant cela leurs actions, leurs discours, leurs choix ne relèvent ni du hasard bien sûr, ni d'un talent mystérieux, ni du miracle. Ils procèdent du respect de quelques principes universels que je souhaite partager dans ce livre.

Ces principes sont les mêmes que ceux qui guident ces enseignants qui ont marqué notre parcours scolaire, qui ont su nous donner le goût d'apprendre, la passion pour la matière qu'ils enseignaient.

Ce sont aussi ceux auxquels sont fidèles ces managers ou ces patrons que nous avons pu croiser dans notre vie professionnelle, qui nous ont aidés à trouver nos marques, à progresser et réussir.

Ce sont ceux enfin qu'au quotidien, chez Animae, nous portons, défendons, creusons, traduisons dans les missions que nous confient nos clients.

Ce livre sera divisé en trois parties.

La notion d'engagement doit d'abord être explorée : c'est la clé du succès durable, dans toute activité : sans la mobilisation effective des acteurs, les projets les plus brillants, les stratégies les plus intelligentes, les décisions les plus pertinentes ne restent que de belles intentions. Donner à ses équipes l'envie de s'investir pleinement et durablement est le premier enjeu du manager.

Il s'agit ensuite de détailler les six principes fondamentaux sur lesquels se construisent ces relations humaines motivantes, fortes, solides, durables, capables de générer de l'engagement. Chaque principe a bien sûr des implications pratiques, et est illustré d'exemples provenant de diverses situations (entreprise, sport, éducation…). Ces principes sont également antinomiques les uns par rapport aux autres : personne ne peut posséder toutes les qualités et leur contraire en même temps. Par nature, tout « manager » est incomplet : il construit les relations qu'il peut avec les qualités qu'il a.

Enfin, quelle est la meilleure façon de progresser dans l'accomplissement de sa mission de « manager » ? Le réflexe traditionnel est de travailler son point faible, corriger son défaut, combler son manque... Consigne majeure de la plupart des démarches de progrès, la voie du point faible mène pourtant au stress, au découragement, voire à l'échec. Nous développons une voie différente, consistant au contraire à exploiter et développer ses propres qualités : progresser, ce n'est pas tenter de se changer. C'est chercher à se renforcer.

Partie 1

L'engagement, un moteur hybride

« Sans l'enthousiasme, puissant levier des grandes choses,
les talents et la vertu resteraient au-dessous d'eux-mêmes. »

JOSEPH SANIAL-DUBAY, *Pensées sur l'homme,*
le monde et les mœurs (1813)

Créer et entretenir le niveau d'engagement de son équipe : voilà la priorité n° 1 du manager ! Sans l'assurance que chacun, dans l'équipe, est prêt à s'investir dans l'action, les débats de stratégie, de plans d'action, de moyens n'ont que peu d'intérêt.

Mais qu'est-ce que l'engagement, exactement ? Qu'est-ce qui pousse un individu à mobiliser son énergie dans une action ou une autre ?

Sans se noyer dans l'interminable liste des raisons qu'invoquerait sans doute chaque personne, il faut déjà distinguer les deux principales forces motrices :

- L'obligation d'abord, dans laquelle l'individu estime qu'il n'a pas d'autre choix que de s'engager : s'investir s'impose pour lui comme une question de survie.
- La motivation ensuite, par laquelle la personne agit simplement par envie, alors que, justement, rien ne l'oblige à le faire.

Comment fonctionnent ces deux moteurs ?

Quelles sont leurs spécificités ?

Peut-on et faut-il chercher à privilégier l'un plutôt que l'autre ?

Enfin, voilà l'une des questions à laquelle tout manager doit répondre pour poser les fondations de sa relation à l'équipe : ai-je l'intention d'être un manager à qui l'on obéit ou un manager qui suscite l'envie ?

Chapitre 1

L'importance de l'engagement

Executive summary

- **Dans l'entreprise, comme dans toute activité humaine**, l'engagement fait toute la différence.
- **Sans l'investissement de chaque acteur**, les stratégies, les plans, les moyens, les outils ne sont que des investissements sans rendement : Performance = Moyens × Engagement.
- **Mais s'engager, ce n'est ni s'indigner contre son environnement, ni se disperser** : c'est mobiliser son énergie dans sa sphère d'influence, là où l'on dispose de leviers d'action.

Sciences Po est une belle école. On y acquiert une culture générale et des méthodes de travail qui se révèlent précieuses dans la vie professionnelle et la vie tout court. Les enseignements plus directement destinés à préparer les élèves à leurs futures missions en entreprise sont complets, solides et qualitatifs. Mais, curieusement, durant ma scolarité, au-delà des savoirs « techniques » (analyse financière, gestion, droit, marketing, etc.), aucune trace d'apports sur le facteur humain. Jeunes étudiants, nous en déduisions que la performance d'une entreprise dépendait seulement de l'intelligence des stratégies, de la sophistication des plans, de la pertinence des décisions. Nous ignorions totalement l'importance de la notion d'engagement...

Et pourtant, que vaut une stratégie si personne ne s'y investit ? À quoi sert un plan sophistiqué s'il n'est pas appliqué ? Quelle est la valeur d'une décision sans appropriation ?

Le niveau de performance n'est pas proportionnel au degré d'intelligence mis dans la définition des actions à engager : l'énergie réellement engagée dans l'action est un facteur décisif.

Cette notion de performance est ainsi souvent résumée dans des équations du type :

$$\mathbf{P = M \times E}$$

Performance = Moyens × Engagement

Au-delà de l'aspect sans doute simpliste de l'équation, il est tout de même intéressant de remarquer que le couple « Moyens et Engagement » n'est pas représenté comme une simple addition, mais bien comme un produit. Si l'un ou l'autre des facteurs est nul, le résultat du produit l'est aussi.

Fort heureusement, en 1991, l'équipe américaine de Coupe Davis, comme les étudiants de Sciences Po, ignoraient sûrement l'existence de cette équation. Trop certains de leur supériorité de compétence, les joueurs et le staff américains n'avaient pas imaginé que l'engagement de leurs adversaires pourrait à ce point pallier leurs insuffisances physiques et techniques.

C'est peut-être dans cet effet multiplicateur que se trouve la notion de dépassement de soi dont on entend souvent parler dans le domaine sportif. Le M des moyens représente les capacités à faire (intellectuelles, physiques, techniques, ou encore financières pour faire le parallèle avec l'entreprise) : ces moyens disent ce que l'individu *peut* faire (ou peut-être en fait, ce qu'il croit pouvoir faire...). Dans le E de l'engagement, il y a ce qu'il *veut* faire. Se dépasser, c'est vouloir au-delà de ce que l'on pense pouvoir. C'est une question d'engagement plus qu'un problème de moyens.

Quoi de plus exaspérant que cette bonne vieille justification, si souvent entendue : « Je fais ce que je peux... », aveu implicite de l'absence d'engagement ?

Heureusement, si l'on excepte la classe politique, la majorité des gens n'est pas passée sur les bancs de Sciences Po : elle sait l'importance de la notion d'engagement ! Combien d'entreprises auraient vu le jour si chacun ne faisait que ce qu'il pouvait ? Combien de projets auraient été lancés s'il n'y avait pas eu tous ces hommes et ces femmes investis ? Combien de médailles d'or nos sportifs auraient-ils décrochées sans engagement ?

Nos hommes et femmes politiques, pour la plupart d'entre eux, ont fait Sciences Po, ce qui explique peut-être le peu d'attention qu'ils paraissent accorder à cette notion ! Le sujet est évidemment bien plus complexe que cela, mais j'aime l'idée selon laquelle certaines des difficultés que rencontre la France, sont moins un problème de capacités (de compétences, de moyens, d'idées...) qu'un problème d'engagement. Que ce soit au sujet des entreprises, de l'école, du sport, des banlieues, les débats tournent essentiellement autour des moyens financiers (allégements de charges, coût du travail, nombre d'enfants par classe, nombre de professeurs, infrastructures, etc.), des problèmes d'organisation (durée du travail, semaine de 4 jours, etc.)... là où la priorité politique devrait se focaliser sur l'engagement : comment favoriser, encourager, libérer, accompagner l'engagement de chaque acteur dans sa mission, ses projets, ses rêves ?

Combien de gens croise-t-on prêts à s'indigner contre le système, la concurrence mondialisée, l'injustice sociale, l'Europe, et qui par ailleurs font preuve d'un engagement inférieur à 1 ? Sans vouloir remuer de mauvais souvenirs algébriques, en reprenant l'équation $P = M \times E$, le produit de $M \times (E < 1)$ donne un $P < M$! Dit autrement, ces gens-là se plaignent beaucoup mais font finalement moins bien que ce qu'ils *pourraient* faire. Le cercle dans lequel ils s'enferment est vicieux – j'ignore ce que les cercles nous ont fait, mais ils sont toujours vicieux ou fermés, alors que les carrés, eux, sont magiques, Hermès ou VIP ! Moins les gens s'engagent, plus la performance diminue et plus la pression de l'environnement s'accroît, venant confirmer la crainte de départ. La boucle est bouclée : à quoi bon s'engager puisque nous ne sommes que les innocentes victimes d'un monde pervers et cruel ?

Voyez le malheureusement très ordinaire exemple des taxis – j'allais écrire « extraordinaire », mais cet exemple, s'il est particulièrement incroyable, est en réalité symptomatique et répandu.

Bien entendu, il nous est arrivé de rencontrer des taxis engagés, impliqués et exemplaires dans la pratique de leur métier. À ceux-ci, il faut bien sûr rendre hommage. Mais nous en avons tous aussi croisé de moins investis... pour ne pas dire pire. Certains refusent d'attendre, d'autres, réservés, arrivent avec 17 € au compteur et s'exaspèrent en fin de course que l'on n'ait pas les 73,40 € en liquide, nous font asseoir sur des sièges imbibés d'une insoutenable odeur de tabac, conduisent comme des chauffards, nous imposent leur musique à pleins tubes. J'en ai même vu conduire, un œil sur la route et l'autre regardant la télévision sur l'écran d'un smartphone fixé au pare-brise. Ou encore un qui, ne connaissant pas Paris, m'a tendu son GPS pour que je programme moi-même l'adresse de destination... Quelques-uns, à eux seuls, réussissent le tour de force de nous faire vivre l'ensemble de ces expériences en un seul trajet.

À ces « expériences client », selon l'expression maintenant utilisée par les spécialistes du service, s'ajoutent quelques échanges savoureux avec le chauffeur, eux aussi très révélateurs de son niveau d'engagement. En guerre contre le monde entier, il se plaint pêle-mêle des ronds-points (ses impôts qu'on dilapide !), des taxes sur le carburant (son pouvoir d'achat qui baisse !), des radars automatiques (du racket organisé !)... Le tout appuyé de regards dans le rétroviseur, pour obtenir votre approbation : « Hein que j'ai raison ? » Plusieurs stratégies alors s'offrent à nous : sourire, hocher la tête de bas en haut et attendre patiemment la fin du trajet (solution la plus raisonnable), ou en rajouter un peu, soit pour le plaisir (malsain j'en conviens...) de voir jusqu'où peut aller la discussion, soit parce qu'à son tour gagné par le pessimisme ambiant, on se prend à s'indigner aussi ! Dernière piste, la plus engagée – et la plus risquée : tenter de convaincre le chauffeur qu'à condition de s'engager, il peut agir et peut-être changer les choses, en tout cas reprendre un peu d'influence sur sa vie. J'ai joué cette option à plusieurs reprises, et à chaque fois me suis heurté au même constat : le coefficient d'indignation du taxi est inversement proportionnel à son niveau de remise en question ! C'est au monde de changer, pas à lui... Et pourtant, il y en aurait des améliorations possibles, sans coût ni temps supplémentaires, qui pourraient changer le regard de ses clients, leur niveau de satisfaction, leur donner le sourire, les fidéliser ! Quelques actions simples, un peu d'engagement à faire bien son métier, à rendre un service attentif pourraient sans doute changer sa vie. Mais non... celui qui met son énergie dans l'indignation sur ce qu'il ne peut changer plutôt que dans l'engagement à changer ce qu'il peut, finit toujours par devenir la victime qu'il prétend être.

De fait, les concurrents, plus engagés, trouvent là une belle occasion de s'imposer. En l'occurrence, dans le cas des taxis, ces dernières années ont vu l'émergence des sociétés de VTC (Véhicules de Tourisme avec Chauffeur) ou encore des solutions de covoiturage. Bien sûr, les taxis jugent qu'il s'agit là d'une concurrence déloyale. Mais force est de constater que ces acteurs nouveaux venus proposent à leurs clients les services et la qualité que les taxis auraient pu (auraient dû...) apporter depuis bien longtemps : géolocalisation, amabilité et courtoisie, propreté irréprochable des véhicules, simplicité de facturation... Ces sociétés n'ont pas eu à aller chercher bien loin pour créer et fidéliser leur clientèle : leur offre n'a rien de géniale en tant que telle. Leur réussite n'est pas affaire de compétences ou de capacités... Elle est seulement la preuve que l'engagement fait la différence.

Ironie de l'histoire : devant faire face au combat des taxis – qui démontrent finalement leur capacité d'engagement quand il s'agit de défendre leurs intérêts – le gouvernement a plié, décidant de limiter le droit des VTC. Encore un trait marquant de l'insuffisante culture d'engagement de beaucoup de nos dirigeants : dès qu'une bonne idée sur laquelle quelqu'un s'engage tend à bousculer ceux qui ont depuis longtemps cessé de s'engager, il faudra s'appliquer rapidement à limiter la possibilité d'engagement du premier. C'est ce qu'on pourrait appeler la loi du plus petit engagement commun (PPEC), conçue pour limiter toute velléité de dépassement !

Deux remarques pour finir sur l'histoire des taxis.

Tout d'abord, le métier de taxi a une caractéristique, en tout cas pour la partie des chauffeurs qui l'exercent encore dans des conditions artisanales : c'est un métier solitaire. Or l'engagement, j'y reviendrai dans la deuxième partie du livre, est une notion intimement liée à la relation aux autres. Sans manager, livré à soi-même, il est difficile de trouver les ressources pour s'engager chaque jour, pour progresser, innover, se remettre en question... Les taxis – et ce ne sont pas les seuls : les enseignants par exemple doivent aussi se passer d'un vrai management – bénéficient donc de circonstances atténuantes.

Par ailleurs, l'exemple des taxis le souligne bien, il y a manifestement plusieurs formes d'engagement – et *manifestement* est l'adverbe approprié ! Quand il s'agit de défendre des intérêts menacés, ceux qui semblaient avoir renoncé à s'engager, paraissent soudain totalement mobilisés pour manifester. Et, dans ces moments-là, l'actualité l'a montré à de nombreuses reprises, s'agissant des taxis ou d'autres conflits, le niveau d'engagement peut être particulièrement élevé. On pourrait être tenté alors d'expliquer simplement que la seule différence réside dans le motif même de l'engagement. Je pourrais alors être taxé d'être partial : de valoriser les engagements qui m'arrangent (ceux des VTC pour servir mes intérêts de client) et de trouver beaucoup moins nobles ceux des taxis pour défendre les leurs. Mon propos n'est évidemment pas de m'attaquer aux taxis, ni à tous ceux qui s'engageraient pour préserver leurs intérêts. Ce qui m'importe ici, c'est de mettre en lumière qu'il y a, dans la notion d'engagement, deux moteurs différents.

L'essentiel

- **P = M × E (Performance = Moyens × Engagement)** : la capacité d'un groupe à produire des résultats dépend tout autant du niveau d'énergie réellement engagé par chacun dans l'action que des ressources mises à sa disposition (outils, budgets...).
- **L'engagement entretient chez l'individu** le sentiment essentiel d'avoir prise sur son environnement. Désengagé, il finit par se voir comme « l'innocente victime d'un monde pervers et cruel » !
- **L'engagement est donc un enjeu clé** pour tout manager : sans la mobilisation effective de chaque membre de son équipe dans l'action, il ne peut y avoir de dynamique de succès.

Chapitre 2

Mécanique de survie, mécanique d'envie

Executive summary

- **L'engagement est en fait comme une voiture hybride :** il fonctionne avec deux moteurs couplés l'un à l'autre. Et comme dans la technologie automobile, son fonctionnement est complexe et délicat.
- **Ces deux moteurs sont les deux seules logiques** qui poussent l'individu à investir son énergie dans l'action.
- **Selon les situations, selon les moments,** son effort sera alimenté par l'un des moteurs ou par les deux. Il pourra être aussi compliqué parfois, du fait de l'opposition de ces deux logiques : il arrive qu'un des moteurs fonctionne en opposition à l'autre.

Mécanique de survie (ou d'obligation)

Ce premier moteur est celui qu'a décrit Maslow dans son approche des besoins humains. Mais alors qu'il pensait décrire la motivation humaine, Maslow en réalité explique plutôt ce que l'on appelle la logique d'obligation.

Tout individu (tout groupe humain) a effectivement des besoins essentiels à satisfaire, dont le caractère vital et naturel paraît difficilement discutable. Pour les satisfaire, il lui *faut* engager son énergie dans différentes actions. Il n'a pas le choix puisqu'il en va de sa survie.

C'est bien cette logique qui pousse quotidiennement l'individu à se lever le matin pour aller travailler et gagner le salaire qui fait vivre sa famille. C'est celle qui nous amène à payer nos impôts, au dernier moment, ou encore à lever le pied de l'accélérateur en apercevant les gendarmes au loin.

Ce qui intervient dans cette logique d'obligation ou de survie, c'est avant tout la peur de ce qui arriverait si l'on ne faisait pas ce qu'il *faut* : la peur de se retrouver au chômage, la peur de la pénalité fiscale au moindre retard de paiement, la peur de perdre des points sur son permis de conduire…

Dans l'engagement d'obligation, il y a beaucoup à perdre, et rien à gagner. C'est une logique de défense, plus que de conquête. En résumé, c'est un engagement à rendement négatif, dans lequel l'individu dépense beaucoup d'énergie pour ne rien gagner en retour, si ce n'est la préservation de l'état actuel : Effort > Apport. Dans ce mode de fonctionnement, l'individu perd donc peu à peu son énergie (fatigue d'abord, démotivation ensuite).

Cette caractéristique a au moins deux conséquences :

1. Parce qu'il sent qu'il ne gagnera rien dans cet engagement (à part survivre…), l'individu, en bon gestionnaire de son énergie vitale, cherche à limiter son investissement à ce qu'il estime être le minimum pour assurer sa survie. Dans l'entreprise, il ne cherchera ni le progrès, ni la performance, ni la remise en question : il se contentera du minimum pour garder son job… jusqu'au jour où l'apparition d'une situation de menace vitale (l'émergence des VTC pour les taxis par exemple) *obligera* à une mobilisation décuplée. Dans ce dernier cas, l'engagement, parce qu'il se fait en réaction à un sentiment de menace immédiat et tangible, peut conduire à des comportements extrêmes.

2. Lorsque l'engagement par obligation se prolonge, il entraîne l'individu dans la spirale des 5S (rien à voir avec les 5S souvent en vigueur dans les univers industriels !) : Survie, Stress, Souffrance, Sacrifice, Solitude. Un sixième S s'ajoute même tout au bout des cinq premiers : Suicide. Sans aller jusque-là, cette spirale des 5S a quantité de conséquences préjudiciables à l'individu (fatigue, démotivation, maladie, accident, dépression…) et au groupe auquel il appartient (non-qualité, absentéisme, tensions sociales…). Toute ressemblance avec des entreprises existantes ou ayant existé serait évidemment purement fortuite…

On le comprend donc, l'engagement par obligation est une logique de fonctionnement peu efficiente. Les sentiments négatifs qui l'accompagnent (peur, stress, doute, etc.), créent des conditions plus propices à l'erreur et à l'échec qu'au succès. Et si, malgré tout, l'individu parvient à réussir, c'est souvent au prix des 5S. On parle alors de résultats obtenus à crédit : un crédit dont le taux d'intérêt est généralement proche du taux d'usure (pas celui des financiers, mais celui de l'individu en question !). Pour cette raison, le succès restera sans doute un exploit (ponctuel et non répété), plus que le début d'une mécanique de performance durable.

Les constats semblent accablants… et pourtant, la logique d'obligation continue à guider beaucoup de systèmes de management.

Dans les entreprises, la hiérarchie, en réaction à la crise, ou par conformité aux modes, passe une bonne partie de son temps à « mettre la pression » aux équipes. Sous couvert de renforcement de la culture de performance, elle multiplie les indicateurs, exige des reportings de plus en plus denses et toujours plus fréquents, intensifie le pilotage… Chaque écart négatif entre le réalisé et l'objectif devient l'objet d'une discussion détaillée, porteuse de reproches plus ou moins explicites, pendant que les écarts positifs, eux, sont considérés comme des acquis. Dans ce contexte, le plaisir à travailler laisse rapidement place à la peur de ne pas réussir, puis aux 5S...

Même constat dans le système scolaire. Dans les grandes écoles bien sûr, mais dans les petites aussi, on rencontre des élèves sous pression, dans un rapport d'engagement obligé avec certaines matières, ou pire avec l'école en général. La peur de mal faire, l'angoisse de ne pas y arriver dominent, finissant par dégrader l'envie, le plaisir, l'énergie que l'on pourrait imaginer associés à la jeunesse.

Le domaine sportif n'échappe pas non plus à la règle. Là encore, qu'il s'agisse de l'univers du haut niveau, ou de celui du sport amateur, la spirale des 5S n'est jamais loin. Qui a inscrit sa fille au poney-club a peut-être en mémoire le décalage qu'il y a entre l'envie initialement exprimée (envie qui a poussé à inscrire son enfant à ce stage pour débutants, organisé cet été-là) et les larmes au matin du troisième jour :

– Papa, j'ai pas envie d'aller au poney, s'il te plaît, Papa, on n'y va pas, je t'en supplie...
– Mais je ne comprends pas : tu m'as dit l'autre jour que tu aimais le poney...
– Oui, l'autre jour oui, mais maintenant j'aime plus !
– Eh ben, tu vas te forcer un peu, parce que j'ai payé pour toute la semaine...

À observer la relation créée par la monitrice de poney avec les enfants ce matin-là, j'ai compris très vite l'origine des réticences de ma fille : pression, reproches incessants, absence d'écoute et d'encouragements... Même les poneys avaient l'air malheureux : les grands yeux tristes de Caramel, de Bandit et de Bounty semblaient implorer de les emmener loin de ce management calamiteux ! Quand on sait que l'origine même du mot *management* serait liée à l'art équestre[1]...

1 D'après certaines sources, le mot *management* serait issu de l'Ancien Français, où il désignait la capacité d'un cavalier à aller en harmonie avec sa monture dans la direction souhaitée. Le mot « manège » en serait également issu.

Dans l'univers du haut niveau, les bons coachs savent que la logique de survie n'est pas la voie du succès. Sur un court de tennis par exemple, la pression crée une tension mentale, émotionnelle, physique qui perturbe l'athlète. Son champ visuel se rétrécit, ses déplacements semblent moins rapides, le placement est moins précis, le rythme est décalé, le geste moins fluide... Il est alors difficile pour le champion de trouver l'état de relâchement indispensable à la puissance et à la précision de ses coups.

Pourtant, alors même que l'environnement dans lequel évolue le champion est déjà naturellement générateur de pression (les 15 000 personnes dans les gradins, l'enjeu du match, les photographes, l'adversaire, etc.), certains entraîneurs croient utiles d'en rajouter : un conseil de dernière minute, un encouragement à attaquer l'adversaire d'entrée de jeu, un poing serré...

Les bons savent que, justement, leur rôle consiste à aider leur champion à gérer la pression. Eux ont compris qu'il ne s'agissait pas de vouloir supprimer la pression – illusoire et tout aussi dangereux – mais d'amener le tennisman à trouver un autre moteur : celui de l'envie, aussi appelé mécanique de motivation.

Mécanique d'envie (ou de motivation)

Ce second moteur, capable de pousser l'engagement de l'individu, est lié non pas à la notion de besoin, mais à celle de désir. Ce qui ici fait l'engagement, ce n'est pas une peur de perdre l'indispensable, c'est l'envie de gagner ce dont on n'a justement pas besoin : faire les choses non pas parce qu'il le *faut*, mais juste par *envie*.

« Parce que je le *veux* bien », pourrait dire le top model de la publicité en secouant ses longs cheveux pour justement nous donner envie d'acheter un shampoing dont nous n'avons pas besoin ! Les publicitaires le savent bien : la force d'entraînement de cette seconde mécanique est phénoménale.

C'est cette envie qui pousse l'individu à reprendre une deuxième fois des pâtes à la carbonara… alors qu'il n'a plus faim, ou à acquérir le dernier modèle de smartphone… alors que l'ancien fonctionne encore parfaitement.

C'est aussi l'envie qui amène ce salarié à quitter le confort de son statut pour se lancer dans un projet entrepreneurial qu'il sait difficile et risqué, mais auquel il croit. La raison (qui calcule la façon la plus juste de satisfaire ses besoins) l'en aurait plutôt dissuadé… Mais l'envie est plus forte.

C'est l'envie enfin qui aide le malade à supporter la dureté du traitement et de ses effets secondaires, qui lui permet de trouver l'énergie de se battre contre le mal qui le ronge.

C'est encore l'envie que l'on sent croître dans cette équipe de France de Coupe Davis en 1991, cette envie dans laquelle Henri Leconte et Guy Forget trouvent l'énergie de dépasser leurs propres limites pour vaincre les Américains, plus forts sur le papier et favoris aux yeux des bookmakers. Là où il était souvent arrivé à ces mêmes joueurs, dans leurs carrières respectives, d'être bloqués par l'enjeu et la peur de perdre, Yannick Noah a réussi, cette fois, à susciter l'envie de gagner.

Si l'engagement par envie dépasse l'engagement de survie, c'est parce qu'il va de pair avec des notions et des sentiments positifs : confiance, progrès, conquête, espoir, rêve… Contrairement à la logique de survie, et à la spirale des 5S qui l'accompagne, se crée ici plutôt une spirale d'énergie croissante (apport > effort), dans laquelle le niveau d'énergie vitale de l'individu se développe.

Il se peut aussi que, malgré l'envie qui génère initialement l'engagement, les progrès et les résultats ne viennent pas. À l'évidence, dans ce cas, la probabilité de voir apparaître la spirale des 5S est grande. C'est ce glissement que vivent beaucoup d'entreprises, mues par l'envie à leur création et durant les premiers temps de leur existence (phase de conquête dans laquelle il n'y a rien à perdre et tout à créer), puis rattrapées par le stress de la survie (beaucoup à perdre, moins d'espoir de conquête).

Envie d'avoir envie

La cohabitation entre les deux logiques d'engagement est donc au centre des comportements de l'individu. Entre survie et envie, c'est la raison et le cœur qui s'expriment. Pascal l'avait bien compris : « *Le cœur a ses raisons que la raison ne connaît point.* »

Même s'il nous faut souvent nous rendre à la raison, le cœur nous domine. Nous avons tellement envie d'avoir envie. C'est bien ce que rappelait Jean-Jacques Goldman, en 1986, en faisant chanter à Johnny Hallyday cette célèbre supplique : « Qu'on me donne l'envie, l'envie d'avoir envie, qu'on rallume ma vie. »

Avoir satisfait à ses besoins (ou avoir la possibilité de le faire facilement) ne suffit pas à rendre heureux. Pire, avec la satisfaction des besoins disparaîtrait l'envie.

> *« Qu'on me donne l'obscurité puis la lumière,*
> *Qu'on me donne la faim la soif puis un festin*
> *Qu'on me donne le froid pour que j'aime la flamme*
> *Pour que j'aime ma terre qu'on me donne l'exil… »*

On pourrait en conclure que la motivation exige la frustration. J'imagine déjà certains managers se jeter sur l'argument pour justifier leurs refus de consentir à des augmentations de salaire : « Si ton salaire est si bas, c'est que je tiens beaucoup à ce que tu restes motivé… En compensation, je t'ai acheté un CD de Jean-Jacques Goldman : écoute bien les paroles… »

Bien tenté… mais raté d'avance : le lien entre les deux logiques est évidemment beaucoup plus complexe ! Le confort et la satisfaction n'excluent pas la motivation. De même que la frustration et le manque ne signifient pas motivation. Aux riches la dépression et la démotivation ; aux pauvres l'envie et la motivation ? Qu'est-ce qu'il y aurait comme gens motivés !

Ce que veut rappeler Jean-Jacques Goldman, c'est que l'envie est au cœur du fonctionnement de l'être humain. Le mot *envie*, souvent associé à la vie courante, à nos petites envies, se révèle plus fondamental : tant que l'individu a envie, il est en vie.

Avoir envie, c'est être en vie.

Cette phrase pose à elle seule l'enjeu essentiel de toute relation managériale. Parce que l'engagement par envie est l'unique mécanique durable de progrès et de succès, il appartient au manager de mettre en œuvre les conditions permettant à ce moteur de bien fonctionner.

Nous y reviendrons en effet dans la deuxième partie : le manager n'a pas le pouvoir de motiver. Motiver n'est pas un verbe transitif. Il ne crée pas l'envie directement. En revanche, par la relation qu'il propose, il débloque (ou bloque) les mécanismes internes aux individus qu'il a autour de lui. C'est la bonne marche de ces mécanismes qui détermine le niveau d'envie et d'énergie de ces individus.

L'essentiel

- **Amener un collaborateur à s'engager** peut consister soit à jouer sur le levier de l'obligation, en lui faisant comprendre qu'il n'a pas d'autre choix que de s'investir là où on le souhaite (logique de survie), soit à déclencher le moteur motivation, en essayant de susciter chez lui l'envie d'agir (logique d'envie).
- **Correspondant aux recettes usées du « chef »** qui décide et impose, le levier obligation tend à amener l'équipe vers une spirale négative (5S : Survie, Stress, Souffrance, Sacrifice, Solitude), finissant par rendre l'engagement ainsi obtenu, fragile et décroissant.
- **À l'inverse, même si les mécanismes** peuvent sembler plus complexes, le moteur de l'envie est incontestablement plus solide, plus puissant et plus durable.

AUTODIAGNOSTIC

Suis-je un manager « relais » ou un manager « transformateur » ?

- ☐ Mes réunions sont davantage centrées sur les plans que sur les résultats.
- ☐ Je passe beaucoup de temps sur le terrain auprès de mes collaborateurs pour les aider dans leurs missions.
- ☐ Dans le quotidien, je parle assez peu des grands enjeux à mon équipe.
- ☐ Mes collaborateurs sont rarement fatigués ou malades.
- ☐ L'ambiance, tous les matins, me paraît bonne.
- ☐ Il est rare que j'utilise des phrases comme « Nous devons... », « Nous n'avons pas le choix... », « Tu dois... », etc.
- ☐ Il m'arrive de passer du temps à écouter certains de mes collaborateurs quand ils ont un problème personnel.
- ☐ Il y a peu de tensions ou de conflits entre personnes de l'équipe.
- ☐ Je n'ai pas souvent de revendications de la part de l'équipe (demandes de moyens, de temps, etc.).
- ☐ En cas d'échec, l'équipe perd peu de temps à trouver des justifications : elle cherche plutôt des solutions.

Si la plupart de ces affirmations vous semblent vraies, vous faites sans doute partie de ces managers « tranformateurs », qui savent transformer la pression de l'enjeu en plaisir du jeu. Vos collaborateurs sont davantage animés par l'envie de bien faire que par la peur de ne pas réussir.

Si, au contraire, une majorité de ces affirmations vous paraissent fausses, c'est probablement que vous jouez davantage un rôle de « relais », dans lequel vous pouvez avoir tendance à transmettre à l'équipe la pression d'enjeu que vous ressentez. Le risque est de créer autour de vous une logique de survie, dans laquelle le sentiment d'obligation prime, avec pour conséquence l'apparition de symptômes liés au stress et à la fatigue : tensions, revendications, résistance au changement, maladie, non-qualité, absentéisme, etc.

Partie 2

Le manager idéal, un mouton à six pattes

« L'an dernier j'étais encore un peu prétentieux, cette année je suis parfait ! »

Frédéric Dard

Rien, sans doute, n'est plus complexe qu'une relation humaine… Pourtant, à force de décortiquer ces liens qui unissent les uns aux autres, qui motivent souvent, démotivent parfois, il semble bien que se dégagent quelques principes universels.

Ces principes correspondent à des mécanismes psychologiques bien connus (au moins dans le vécu que nous en avons tous), que nous ne prétendons pas ici ni expliquer scientifiquement, ni décrire avec précision.

Suivre ces principes implique, en fonction des situations que le manager rencontre au quotidien, de savoir concilier six postures. Manager, c'est à la fois :

- apporter beaucoup de **considération** à ses collaborateurs au fil des jours, tout en étant capable aussi de **sanction** lorsqu'il y a une dérive de comportement inacceptable ;
- développer un très haut niveau de **concentration** des équipes dans l'action (court terme), tout en sachant également répondre à leur légitime besoin de **vision** (long terme) ;
- être attentif à la **valorisation** des efforts réalisés par ses collaborateurs, tout en poursuivant avec eux un objectif de **formation**.

Pour concilier quotidiennement ces différentes postures, il existe un ensemble de bonnes pratiques, que nous verrons dans les pages qui suivent.

Mais au-delà de ces pratiques, ce qui est en jeu, c'est aussi (et surtout !) l'aptitude que chaque manager peut avoir à réellement incarner ces six postures, qui exigent en effet des qualités contradictoires les unes avec les autres.

Sauf à croire qu'un seul individu peut être tout et son contraire, chaque manager possède bien des qualités « naturelles » qui lui permettent d'accéder facilement à certaines des postures essentielles. À l'inverse, n'ayant pas les qualités opposées, il lui est plus difficile d'investir les autres postures.

Chapitre 3

Si : tu seras un manager…

Executive summary

- **Comme dans le célèbre poème de Kipling** *Si : tu seras un homme mon fils*, devenir manager suppose d'incarner des postures en apparence souvent contradictoires.
- **En réalité, ces postures sont complémentaires** et indissociables : si l'une d'entre elle manque, la relation tend inévitablement à se dégrader.
- **Réunies deux à deux, ces postures** forment un schéma simple, pouvant à la fois servir de guide de management et de grille d'auto-évaluation de ses propres pratiques.

En 1910, l'écrivain britannique Rudyard Kipling a magnifiquement décrit la difficulté d'être un homme, dans son poème *If*, traduit en 1918 par André Maurois sous le titre *Si : tu seras un homme mon fils* :

Si tu peux voir détruit l'ouvrage de ta vie
Et sans dire un seul mot te mettre à rebâtir,
Ou perdre d'un seul coup le gain de cent parties
Sans un geste et sans un soupir ;

Si tu peux être amant sans être fou d'amour,
Si tu peux être fort sans cesser d'être tendre
Et, te sentant haï, sans haïr à ton tour,
Pourtant lutter et te défendre ;

Si tu peux supporter d'entendre tes paroles
Travesties par des gueux pour exciter des sots,
Et d'entendre mentir sur toi leurs bouches folles
Sans mentir toi-même d'un seul mot ;

Si tu peux rester digne en étant populaire,
Si tu peux rester peuple en conseillant les rois
Et si tu peux aimer tous tes amis en frère
Sans qu'aucun d'eux ne soit tout pour toi ;

Si tu sais méditer, observer et connaître
Sans jamais devenir sceptique ou destructeur,
Rêver, mais sans laisser le rêve être ton maître,
Penser sans n'être qu'un penseur ;

Si tu peux être dur sans jamais être en rage,
Si tu peux être brave et jamais imprudent,
Si tu sais être bon, si tu sais être sage
Sans être moral ni pédant ;

Si tu peux rencontrer Triomphe après Défaite
Et recevoir ces deux menteurs d'un même front,
Si tu peux conserver ton courage et ta tête
Quand tous les autres les perdront,

Alors les Rois, les Dieux, la Chance et la Victoire
Seront à tout jamais tes esclaves soumis
Et, ce qui vaut bien mieux que les Rois et la Gloire,
Tu seras un homme, mon fils.

Ce poème semble avoir inspiré bon nombre de recruteurs à la recherche de managers ! Voici par exemple comment une entreprise de distribution spécialisée décrit le profil du Responsable de Magasin :

• Le candidat devra faire preuve d'un grand sens commercial : il aura la responsabilité de l'atteinte des objectifs de vente du magasin et veillera en permanence à la satisfaction du client (qualité de l'accueil, du service et du conseil).

• Rigoureux et organisé, il aura en charge la gestion quotidienne de son point de vente, et assurera, auprès du Directeur Régional et des services du Siège, un reporting régulier sur les différents indicateurs clés.

• Animé d'un fort esprit collectif, doué de solides aptitudes de communicant, il animera l'équipe de vente au quotidien, dans une ambiance de travail positive et dynamique.

• Pédagogue et enthousiaste, il mettra en œuvre les formations et l'accompagnement nécessaires au développement des compétences de son équipe.

• Attentif à chacun, il entretiendra la motivation de ses collaborateurs, notamment en les aidant à concilier au mieux les impératifs professionnels et leurs aspirations personnelles.

• Clair, équitable et direct, il saura définir un cadre de travail stimulant et veillera à son respect en toutes circonstances.

• Créatif et engagé, il devra être force de proposition auprès de sa hiérarchie, dans un esprit d'amélioration continue.

Si : tu seras Responsable de Magasin… On croirait du Kipling (en moins poétique certes).

Être un homme (ou une femme, ça marche pareil !), manager une équipe, gérer une classe, coacher des sportifs, bref, créer une relation en vue de faire progresser et réussir un ou des individus, implique de savoir adopter des postures antinomiques les unes par rapport aux autres.

Ces postures apparaissent dans le schéma suivant (baptisé « camembert », mais pouvant prendre tout autre appellation de fromage souhaitée pourvu que ce dernier soit de forme ronde). Elles sont au nombre de six (d'où le mouton à six pattes…), s'opposant deux à deux pour former trois axes (… bon, regardez le schéma, ce sera plus clair !).

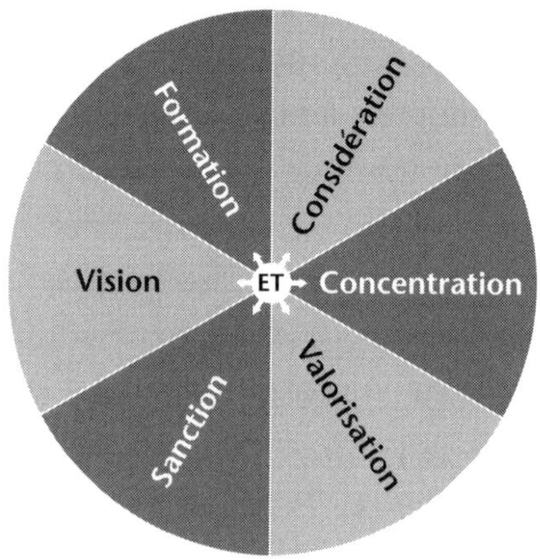

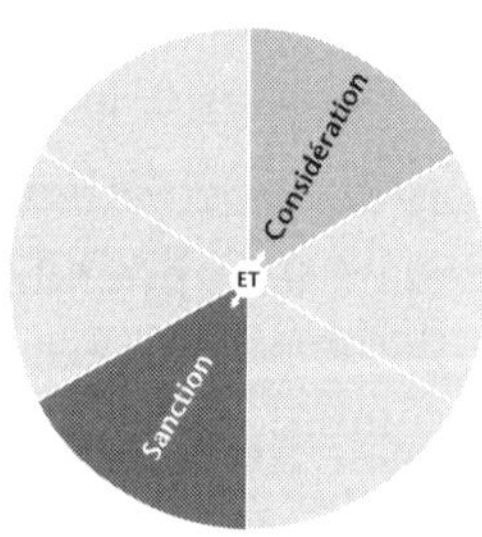

L'axe A est l'axe de la relation.

Cette dernière implique à la fois beaucoup de **considération** du manager pour le managé (satisfaisant ainsi le besoin fondamental de reconnaissance qui anime tout individu), *et* une capacité de **sanction** en cas de dérive de comportement.

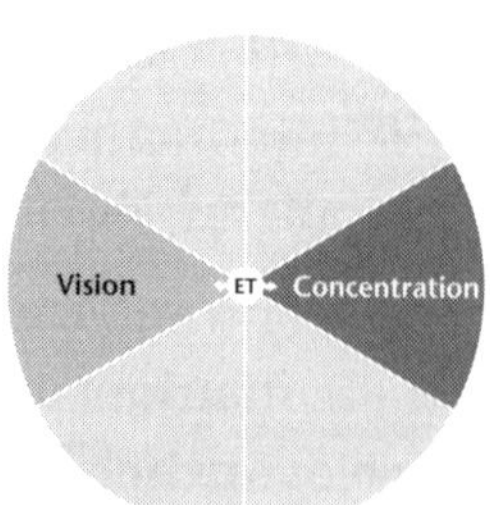

L'axe B est l'axe de l'implication.

Pour amener l'individu à s'impliquer dans l'action, le manager doit l'aider à construire une **vision** qui donne sens à son engagement *et*, dans le même temps, développer un maximum de **concentration** dans l'action.

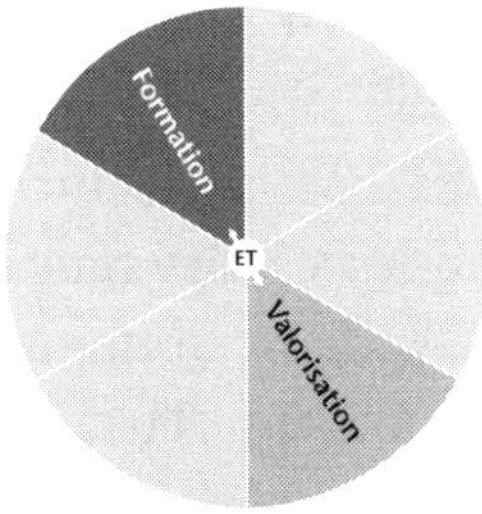

L'axe C est l'axe de la progression.

Pour progresser et gagner en efficience, l'individu a besoin tout à la fois de **valorisation** de ses actes (pour prendre confiance en lui) et de **formation** (pour acquérir des compétences qui lui manquent).

À première vue, ces différents axes semblent bien former un ensemble contradictoire. Considérer, mais aussi sanctionner. Poser une vision à long terme et en même temps, chercher la concentration dans l'action. Valoriser les acquis mais également vouloir mettre en progrès.

En détaillant un peu plus concrètement ces trois axes, c'est en réalité un aspect complémentaire et indissociable qui apparait.

L'axe A de la relation

Ce premier axe est majeur. Il constitue le socle de tout système managérial, en déterminant à la fois sa solidité, sa pérennité, la crédibilité du manager et son degré d'influence. C'est l'axe du lien, de l'attachement. L'envie dont nous avons parlé dans la première partie, source de l'engagement durable de l'individu, renvoie en effet en tout premier lieu à la relation. Dit rapidement, mais nous y reviendrons plus en détail, la vraie question que pose la motivation n'est pas tant « pour quoi ? » que « pour qui ? ». Tout individu cherche à exister dans le regard des personnes qu'il estime : l'envie d'être reconnu oriente grandement son envie et ses comportements.

Pourtant, et bien que la puissance de ce mécanisme soit largement admise, connue et démontrée, beaucoup d'approches du management, dans les entreprises, en milieu scolaire, ou dans le domaine sportif, négligent cet axe, préférant faire la part belle aux outils et aux techniques. On croise ainsi dans les entreprises des managers incollables sur les KPI's, sur le Six Sigma, ou encore sur les supports d'évaluation des fameux entretiens annuels... mais démunis dans les moments informels avec leurs collaborateurs.

Très souvent, le management est réduit par les esprits rationnels à un ensemble de techniques, une « boîte à outils », comme le disent certains organismes de formation. C'est peut-être la raison pour laquelle, alors que le mot *management* est à la mode depuis de nombreuses années, on constate partout un déficit de relation. On n'a jamais autant parlé de management dans les entreprises, autant formé au management... et jamais il n'y a eu aussi peu de relation.

Créer un lien durable, solide et motivant implique, pour le manager, d'allier deux postures :
- une posture de considération, visant à apporter quotidiennement à l'individu managé, l'attention lui permettant de se sentir reconnu pour ce qu'il est (avant même d'être valorisé pour ce qu'il fait) ;
- une posture de sanction, capable de prévenir l'individu en cas de hors-jeu.

Bien que pouvant apparaître comme antinomiques, ces deux postures sont en réalité indissociables. À elles deux, elles procèdent d'une mécanique de reconnaissance positive conditionnelle : dans cette relation-là, l'individu est assuré d'avoir l'attention de son manager tant qu'il reste à l'intérieur du cadre de jeu défini ensemble (*cf.* le chapitre 6 et la posture de concentration). En cas de non-respect des limites du jeu, il s'expose à une sanction, dont la plus ultime sera la rupture relationnelle. Plus l'attention apportée à l'individu dans le jeu est forte et positive, plus sa peur de la perdre sera grande et moins le manager aura à user d'autorité pour obtenir le respect des exigences posées. De la même manière, l'acte d'autorité, bien joué, sans agressivité ni menace, donne une plus grande valeur à la considération jusque-là donnée par le manager.

Du côté du sport

Revenons à l'épopée de l'équipe de France de Coupe Davis, car un épisode peu connu illustre parfaitement l'alliance de la considération et de la sanction qu'incarnait alors le capitaine Yannick Noah.[1]

En mai 1991, l'équipe affronte l'Australie, en quart de finale, dans les arènes de Nîmes. Henri Leconte blessé, Noah décide d'aligner aux côtés de Guy Forget, incontestable n° 1 de l'équipe, un jeune joueur de 18 ans, prometteur mais encore peu expérimenté, Fabrice Santoro. Le pari est audacieux, car ce dernier n'a encore jamais joué en Coupe Davis.

Les choses commencent d'ailleurs assez mal pour lui, puisqu'à la suite du premier simple remporté par Guy Forget, il perd sèchement son match, le vendredi après-midi. France et Australie terminent donc la première journée à égalité, 1 partout. Fabrice Santoro est évidemment très affecté par cette défaite, mais Noah lui demande de rester concentré et de se préparer à jouer un éventuel match décisif le dimanche.

C'est en effet à ce scénario délicat que le jeune champion doit faire face le dimanche. Si la France a gagné facilement le double du samedi, elle se retrouve à égalité avec l'Australie le dimanche après-midi, Forget venant de perdre son simple, battu par Richard Fromberg. Pour Santoro, au moment de rejoindre le court, la tension est à son comble. Après une longue attente dans les vestiaires, il entre enfin dans l'arène (c'est le cas de le dire...) pour une rencontre décisive face à Wally Masur. Malgré les mots rassurants d'Eric Deblicker resté avec lui durant le match de Forget, Santoro est tendu, sous pression. Yannick Noah le voit et, à sa manière, détend l'atmosphère : « Ça va ? Tu n'as besoin de rien ? Tu veux que je te suce ? » La proposition aussi inattendue qu'incongrue du capitaine décontracte Santoro, qui fait finalement son entrée sur le court avec un sourire qui a de quoi perturber l'équipe adverse. Trouvant rapidement concentration et agressivité, le Français prend l'avantage dans les deux premières manches. Malgré le sursaut de Masur qui, élevant son niveau de jeu, remporte la troisième, Santoro s'impose finalement en quatre sets, sous les ovations du public et sur les épaules de Noah. Pour le jeune

• • •

1 Fabrice Abgrall et François Thomazeau, *Coupe Davis 1991, Naissance de la France qui gagne*, Éditions Hugo & Compagnie, 2011.

• • •

champion, encore peu connu du grand public, et pour son capitaine, critiqué pour sa sélection audacieuse, le moment est inoubliable et forcément marquant. Noah choisit, fait confiance, encourage, soutient, écoute…

Mais à d'autres moments, il sait aussi être tranchant et faire preuve d'autorité. Noah le démontre quelques mois plus tard, avec le même Fabrice Santoro.

Le temps a passé. L'équipe de France a battu la Yougoslavie en demi-finale (avec notamment la contribution de Fabrice Santoro, à nouveau victorieux en simple). Pour se préparer à affronter les États-Unis en finale, toute l'équipe part en stage à Montreux en Suisse. Lors du dîner du premier soir, Yannick Noah s'adresse aux joueurs, dévoilant notamment le nom des quatre titulaires retenus pour disputer la finale. Forget, Leconte, Boetsch et Delaître. Santoro n'en fait pas partie et sa déception est immense : « Je voulais que Yannick me considère comme son petit frère, qu'il se souvienne du moment merveilleux où il m'avait porté en triomphe. Mais il me traite comme un adulte, comme un joueur ordinaire. »

Incapable de digérer sa déception, Santoro tombe malade, puis une fois remis, se laisse envahir par des comportements négatifs. Sa mauvaise humeur est proche de pourrir l'ambiance du stage. Certains de ses coéquipiers tentent de le raisonner, sans succès. C'est Noah qui finalement décide de lui parler, et sa réaction est vive et directe : « Ou tu te mets au service de l'équipe ou tu fais tout de suite tes valises. » L'acte d'autorité permet à Santoro de se ressaisir : il prend ses responsabilités et participe sérieusement et pleinement à la préparation des joueurs titulaires. Avec le recul, cet incident restera pour lui « le choc le plus dur de [sa] carrière, celui [qu'il a] le moins bien encaissé. »

Le jour de la finale, Yannick Noah n'oubliera pas de reconnaître la contribution de Fabrice Santoro à la victoire. Lors de la remise du trophée, le capitaine convie le jeune joueur, le cinquième homme, à rejoindre ses camarades sur le terrain. Mais la Fédération internationale n'a prévu que cinq trophées, un pour le capitaine et quatre pour les joueurs titulaires. Au moment où chacun des joueurs reçoit une réplique de la Coupe Davis, Yannick Noah, s'apercevant que Fabrice Santoro se retrouve

• • •

les mains vides, lui donne sans hésiter et avec solennité son trophée. « C'est un geste dont je lui serai éternellement reconnaissant », dit encore aujourd'hui Santoro.

Cette aventure de Coupe Davis doit beaucoup à cette relation que Noah avait su établir avec ses équipiers. Lui-même aime à le rappeler : « Ils jouaient bien pour moi ! Pas grâce à moi. [...] Ils jouaient vraiment pour leur pote. L'énergie venait de ce que tu es dans ce moment extrême, c'est ton moment de vérité, c'est ton heure de gloire, tu es en train de te faire secouer par un mec en face qui veut ta peau et quand tu vas t'asseoir, tu as ton pote. C'est la plus belle chose qui soit. Ton pote, tu as confiance en lui et moi j'ai confiance en eux, et l'énergie, elle vient de là. [...] Je pense que c'est l'amitié, c'est ça qui était très fort. Cette amitié, cette confiance. Il n'y avait pas de doute. »

J'admets volontiers que le cas Noah est à part, et que l'univers même du sport de haut niveau est spécifique.

Pour autant, chacun d'entre nous a croisé, au cours de son existence, dans sa vie personnelle ou professionnelle, quelques personnes clés, dont il se souvient encore des années plus tard : un entraîneur de foot, un prof de musique ou de français, un premier patron... Ces référents, dont nous n'avons pas nécessairement été l'ami, nous ont pourtant marqués et souvent influencés dans nos choix, nos valeurs ou nos motivations. Ce qu'ils nous ont légué, a orienté et continue d'orienter nos vies. Pour eux, pour nous sentir digne de leur regard, pour obtenir leur reconnaissance, nous nous sommes engagés, nous avons travaillé, et forts de leur soutien, nous avons progressé, et réussi parfois. Ce sont eux aussi qui, souvent, ont su trouver les mots justes (et juste quelques mots) quand il a pu nous arriver de nous égarer hors du jeu. Et ces instants d'autorité, loin d'avoir dégradé la relation, ont au contraire participé à renforcer le lien.

Le lien qui nous unit à eux est solide et durable parce qu'il intègre ces deux dimensions que sont la considération d'une part, la sanction d'autre part : des heures de reconnaissance, d'attention et d'écoute *et* de temps en temps, quelques secondes d'une autorité, ferme et directe.

Avis d'expert

JEAN-PAUL MIALET, psychiatre, ancien Chef de Clinique à l'Hôpital Sainte-Anne et Directeur d'enseignement à l'Université Paris V

QUE PEUT-ON DIRE DE L'INFLUENCE DE LA RELATION MANAGÉRIALE SUR L'INDIVIDU ?

Puisqu'il existe, par définition, un rapport de pouvoir dans cette relation managériale, il y a un intérêt évident pour le salarié à s'engager dans ce que son manager lui demande : le pouvoir de payer, de récompenser, de promouvoir, ou au contraire de sanctionner, « oblige » le salarié. On peut se demander s'il aurait le même engagement en l'absence de ce lien de pouvoir...

LE MANAGEMENT SE RÉSUMERAIT DONC À UN RAPPORT DE POUVOIR ?

Non, car nous voyons bien que le manager, dans beaucoup de cas, représente beaucoup plus que ça. Je m'explique : souvent, on considère que les parents ont eu un rôle de modèle, permettant à l'enfant de se construire, puis d'internaliser et de devenir adulte. Étant lui-même, il ne devrait donc plus avoir besoin de référents. Or, beaucoup de ces adultes continuent pourtant de chercher des référents : le manager peut être l'un d'eux, tirant son autorité d'une compétence ou d'un savoir, de son pouvoir, ou de l'établissement de liens affectifs... voire des trois à la fois ! Alors, bien sûr, l'individu, désireux d'exister aux yeux de ce référent, pourra être prêt à s'engager pour lui. À noter que l'implication qui naît de ces résidus de l'enfance n'est toutefois pas toujours positive : quelquefois, ce sont des conflits avec les repères parentaux qui se déplacent sur l'autorité managériale en produisant des résistances.

L'axe B de l'implication

Le deuxième axe du « camembert » de la relation managériale détermine la capacité de l'individu ou de l'équipe à s'engager dans l'action de façon précise, efficiente et sereine d'une part (Concentration, à court terme), de façon durable, intelligente et agile d'autre part (Vision, à moyen et long termes). Là encore, s'occuper à la fois du long terme et du court terme peut sembler contradictoire.

Dans cet axe Implication, se posent en fait deux questions clés et complémentaires autour de l'engagement : pourquoi (et pour-quoi) s'engager ? et sur quoi (comment) s'engager ? Le rôle du manager n'est évidemment pas de donner les réponses à ces questions comme le laissent pourtant sous-entendre certaines expressions toutes faites comme « le manager donne le sens » ou encore « le manager pose les exigences ». Même si ces expressions ont pu correspondre à la culture traditionnelle du manager tout puissant, le contexte et les attentes ont beaucoup évolué dans les entreprises, même au-delà des entreprises dites « libérées ».

D'abord, du fait d'une complexité croissante, le manager ne peut plus posséder tous les savoir-faire, les expériences, les expertises pour pouvoir, seul, définir les exigences sur lesquelles devrait se concentrer son équipe. De la même manière, il est admis que la vision ne crée de sens qu'à la condition qu'elle soit construite avec les équipes, qu'elle intègre ce qui fait sens pour elle. Enfin, laisser aux équipes de l'autonomie sur la définition du « comment » est facteur d'un niveau d'implication plus grand et d'une prise de décisions plus justes et plus rapides.

Pour le manager, il s'agit donc plutôt de s'assurer que l'équipe dispose bien des éléments pour construire les réponses à ces questions du « Comment » et du « Pourquoi ». En ce sens, il se doit d'être garant de l'existence de ces deux conditions :

1. Permettre à chacun de ses collaborateurs de comprendre exactement sur quelles exigences se concentrer pour progresser et réussir (axe Concentration).

2. Aider chacun à trouver un sens à ce qu'il fait, une signification et une direction (axe Vision).

À l'évidence, la complexité de notre monde actuel, la rapidité et la volatilité des changements qui le font bouger en permanence, l'incertitude dans laquelle nous évoluons, renforcent l'importance du rôle du manager sur cet axe. Les exigences qui semblent claires aujourd'hui devront peut-être changer ou être complétées dès demain. De même, ce qui fait sens maintenant, ne signifiera peut-être plus rien dans les jours prochains.

Dans ce contexte, le risque du désengagement « à-quoi-boniste » est grand : à quoi bon s'investir dans une action, un changement, un projet puisque tout sera peut-être remis en cause demain ?

Sans aller jusqu'au désengagement, il est fréquent de rencontrer des gens qui ont perdu le sens et/ou leur capacité de concentration, dispersés qu'ils sont à tenter de gérer en même temps un grand nombre de priorités qui n'en sont plus...

Derrière cet axe, que ce soit en matière de concentration, comme sur le sujet de la vision, le manager, s'il n'est plus dans le rôle du seul décideur, doit en revanche être porteur de convictions.

Porter des convictions fortes ne signifie pas refuser d'échanger ou de construire avec l'équipe. C'est au contraire utiliser ses convictions pour engager et nourrir la discussion. Il est difficile, pour celui qui n'a pas de convictions, d'aider les autres à s'en forger !

L'axe C de la progression

Le troisième et dernier axe du « camembert » détermine la capacité de l'individu à progresser. Le premier axe rappelle l'importance de la « relation » comme condition de la motivation de l'individu : sans cette alliance entre considération et sanction (en cas de dérive), il n'éprouvera pas l'envie de s'engager pleinement. Le deuxième axe propose d'orienter cet engagement, lui donnant à la fois le pourquoi (vision) et le comment (concentration) nécessaires à son implication effective, efficace et durable dans l'action.

Dans le dernier axe, il s'agit pour le manager d'accompagner l'individu dans son engagement, dans un objectif d'efficience : développer la performance attendue avec un minimum d'effort et de stress. À nouveau, dans cet axe, il sera question de jouer sur deux leviers, assurément complémentaires, mais pouvant entrer en contradiction du fait de pratiques managériales parfois maladroites ou décalées : la valorisation (pour accroître la confiance de l'individu en lui) et la formation (pour renforcer son niveau de compétence). Dans le quotidien, en effet, notre souhait de faire progresser un collaborateur en compétence, de corriger ses erreurs, de renforcer ses points faibles peut nous pousser à multiplier les remarques, les conseils, les critiques (constructives certes… mais critiques quand même !) : l'ayant sans doute tous vécu au moins une fois, nous savons tous combien ces remarques, même pertinentes (surtout d'ailleurs quand elles le sont !), même bien intentionnées, peuvent atteindre notre confiance en nous, et *in fine* nous démotiver… Combien d'entre nous ont fini par renoncer à jouer d'un instrument, à dessiner, à jouer au tennis, à danser, à parler anglais, à prendre la parole en public et j'en passe… à cause de formateurs impatients, croyant nous aider à progresser en soulignant, parfois durement, chacune de nos erreurs ou de nos imperfections ?

Si l'envie de progresser est sans doute l'un des traits de motivation les plus marquants des grands champions sportifs, c'est en grande partie dû aux efforts incessants de leurs coachs. « Chaque matin, je me lève et vais à l'entraînement avec l'envie de devenir meilleur », continue d'affirmer Rafael Nadal. La capacité de Toni, son oncle et entraîneur, à allier apport de confiance et développement de compétences, est pour beaucoup dans cette motivation.

Cette description de chaque axe le démontre donc bien : les six postures de ce schéma sont complémentaires et indissociables. Toute la difficulté, pour le manager, est de trouver en lui les ressources et les talents pour investir pleinement chacune de ces postures que les chapitres suivants vont s'attacher à définir plus concrètement encore.

L'essentiel

- **Ce qui caractérise les « bons » managers**, c'est leur capacité à jouer sur des registres différents, en apparence contradictoires : apporter beaucoup d'attention et savoir, lorsqu'il le faut, faire preuve d'autorité ; mobiliser autour d'un projet d'avenir et savoir concentrer l'équipe sur les actions du jour ; encourager les efforts et vouloir des progrès.
- **C'est l'alliance de ces postures qui structure** et fait vivre la relation dans le temps, chacune d'entre elle venant compléter ou renforcer la posture contradictoire : c'est bien parce que le manager apporte beaucoup de considération que sa réaction de sanction ne laisse pas indifférent. C'est parce qu'il connaît parfaitement le métier qu'il est crédible lorsqu'il propose sa vision. C'est parce qu'il est attentif à valoriser les efforts qu'il peut réclamer des progrès.
- **Et réciproquement !**

Chapitre 4

La posture de considération

Executive summary

- **Au-delà des besoins essentiels dans la logique de survie** (boire, manger, etc.), il en est un qui compte plus que tout dans la logique d'envie : le besoin d'être reconnu.
- **C'est à ce premier besoin que tout manager** doit d'abord savoir répondre, en proposant au collaborateur une relation intégrant tous les signes de considération qui lui importent.
- **Cette posture exige une présence attentive** du manager dans l'ensemble des contacts informels du quotidien, au-delà des techniques de management (entretiens individuels, réunions, etc.). Ces contacts sont autant d'occasions pour reconnaître l'individu non pas pour ce qu'il fait, mais bien pour ce qu'il est.

La reconnaissance, mécanisme essentiel de la motivation

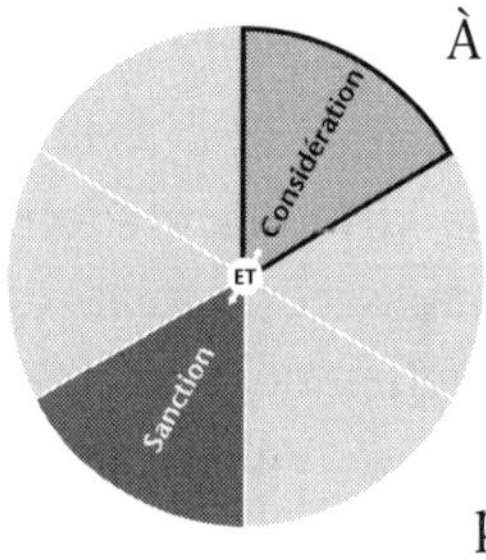

À en croire Abraham Maslow et la pyramide qu'on lui attribue souvent à tort (qui est en réalité le fruit d'une interprétation tardive de ses recherches), les comportements de l'individu s'expliqueraient seulement par la recherche de la satisfaction de ses besoins. Dans la première partie de ce livre, à propos de l'engagement, nous avons déjà touché l'une des limites de sa célèbre théorie. Celle-ci, censée parler de motivation, décrit en réalité la logique d'obligation.

Déjà sur ce sujet, Jean-Jacques Goldman, par la voix de Johnny Hallyday, avait marqué le point décisif, rappelant l'importance de l'envie.

Avec *L'indifférence*, Jean-Jacques (qui décidément s'impose comme l'un des plus grands penseurs du management de la fin du siècle dernier) récidive, remettant en cause la hiérarchie des besoins :

J'accepterai la douleur

D'accord aussi pour la peur

Je connais les conséquences

Et tant pis pour les pleurs

J'accepte quoiqu'il en coûte

Tout le pire du meilleur

Je prends les larmes et les doutes

Et risque tous les malheurs

Tout mais pas l'indifférence…

Tout mais pas l'indifférence : voilà résumé par Jean-Jacques Goldman, en une affirmation directe, toute la puissance du mécanisme de la reconnaissance. L'individu n'a de cesse de chercher à exister dans le regard des autres et, pour y parvenir, il est prêt à tout. Prêt à tout pour ne pas vivre dans l'indifférence. La recherche de considération, à en croire Jean-Jacques, serait donc une clé de compréhension essentielle du fonctionnement de l'individu.

Nombreux sont les exemples attestant de la prééminence du besoin de reconnaissance :

- les cas de grève de la faim, suicide, dépression, maladies psychosomatiques, consommation excessive de tabac, drogue, alcool... laissent entrevoir que l'individu peut reléguer au second plan les considérations physiologiques primaires (auxquelles pourtant il a les moyens de répondre) et porter atteinte à sa santé, voire directement à sa vie s'il a le sentiment de n'être pas reconnu ;
- ces cas dramatiques « d'enfants-placard » ou « d'enfants sauvages », nourris mais privés d'attention, de relation, d'amour, incapables de se développer, de parler, de marcher, de vivre normalement... montrent que le regard des autres est un besoin vital ;
- plus réjouissant, le cas de ces tribus reculées du bout du monde semble montrer qu'en dépit de besoins primaires pas toujours bien satisfaits (en tout cas très loin de nos standards de confort), la vie peut être heureuse : le lien et l'attention aux autres y tiennent alors une place centrale – et la dépression d'ailleurs n'y existe pas.

Le score est sans appel : Jean-Jacques 2, Maslow 0...

Il est vrai que ce match Goldman vs. Maslow est assez incongru : ils ne jouent pas dans la même catégorie. J'ai entendu Maslow chanter et je peux affirmer qu'il a été bien inspiré de faire psychologue ! Certains ajouteront – mais je ne cautionne pas – qu'ils ont aussi entendu Goldman chanter et qu'ils peuvent affirmer qu'il aurait aussi été bien inspiré de faire psychologue...

Plus sérieusement, il est désormais établi que la reconnaissance est un mécanisme essentiel du fonctionnement de l'individu.

S'il y a bien une part de vrai dans la pyramide de Maslow, c'est parce qu'en termes de survie, au sens fort du mot, l'individu qui ne pourrait pas respirer (besoin primaire s'il en est !) est évidemment condamné à mourir en une poignée de minutes, là où la privation de reconnaissance ne lui serait pas immédiatement ni directement fatale.

En revanche, du point de vue de la motivation, ce mécanisme de reconnaissance tient une place cruciale. Le vrai désir de l'humain, c'est « le désir du désir de l'autre », disait Jacques Lacan. Exister dans le regard de l'autre est au cœur même de la logique de motivation, de la mécanique d'envie. S'il est vrai qu'on peut être obligé par quelque chose, on n'est jamais motivé par quelque chose : on l'est toujours pour quelqu'un. La question n'est pas tant *pour quoi* agit-on, que *pour qui*. Voilà qui confère à la relation managériale une place au premier rang des leviers de motivation... loin devant d'autres leviers, pourtant souvent cités bien avant la reconnaissance ! Ainsi, la rémunération, les conditions de travail, les avantages (congés, mutuelle, etc.) ou encore l'intérêt de la mission se révèlent être en fait des éléments d'obligation : ils répondent à des besoins que nous jugeons essentiels à notre survie (disons à notre confort). Les supprimer provoquerait des protestations bien compréhensibles (engagement de survie). Mais les accroître n'aurait que peu d'effet sur notre motivation.

À l'inverse, si un apport de considération influe positivement sur le niveau de motivation, moins de reconnaissance ne déclenche pas de mobilisation de défense. L'impact sur la survie est indirect et sournois.

En effet, privé de regard, l'individu ne meurt pas de l'impossibilité de survivre – dans beaucoup de cas, il aurait les moyens de satisfaire les besoins primaires essentiels à sa survie : il dépérit, faute d'envie. Par absence de motivation, il cesse de correctement satisfaire ses besoins vitaux, voire attente à sa propre vie, consciemment (grève de la faim, suicide) ou inconsciemment (dépression, comportements à risque).

Sans doute est-ce parce que l'absence de reconnaissance n'engage pas directement la survie de l'individu que beaucoup de managers « oublient » d'en apporter, s'étonnant par ailleurs du faible niveau de motivation de leur équipe malgré des conditions de travail confortables et des rémunérations appréciables !

Avis d'expert

JEAN-PAUL MIALET, psychiatre, ancien Chef de Clinique à l'Hôpital Sainte-Anne et Directeur d'enseignement à l'Université Paris V

L'ENVIRONNEMENT RELATIONNEL A-T-IL UN IMPACT SUR LA MOTIVATION DE L'INDIVIDU ?

Bien sûr ! Nous savons qu'une part de la motivation est liée au regard des autres, notamment dans le cadre professionnel. À côté de l'activité et de son caractère plus ou moins motivant, il y a toujours quelque chose de l'ordre de la relation. Il n'est pas rare, par exemple, de croiser des salariés qui se plaignent de la dureté de leur travail mais qui, une fois à la retraite, souffrent d'un sentiment de solitude. Ils se rendent compte qu'ils étaient attachés à leurs collègues : en cessant leur activité, ils perdent ces liens qui faisaient une partie du sens de leur existence.

LE REGARD DES AUTRES EST-IL DONC SI IMPORTANT QUE CELA POUR L'INDIVIDU ?

En effet, jusque dans certaines situations extrêmes, l'individu est attentif au regard de ceux qui l'entourent. On a pu se demander par exemple, pourquoi, lors de la Première Guerre mondiale, il n'y avait pas eu plus de désertions de masse, alors même que les soldats se savaient aller vers une mort certaine. Beaucoup de survivants ont témoigné du fait qu'ils restaient et continuaient d'aller au combat, ni pour la Patrie, ni pour la gloire, mais du seul fait du regard de leurs camarades.

La reconnaissance, ciment du « pont relationnel »

En s'intéressant aux gens dont il a la charge, le bon manager, qu'il soit encadrant hiérarchique ou chef de projet dans une entreprise, enseignant ou encore entraîneur sportif, permet à la logique d'envie de se développer. Ce faisant, il contribue à construire une relation avec chacun des individus qui composent l'équipe ou la classe.

Chacune de ces relations pourrait représenter un pont, qui relie le manager aux autres, surmontant les abîmes creusés par les différences nées de l'histoire, des expériences, des personnalités de chaque personne. Bâtir ces ponts, c'est s'intéresser un peu chaque jour à ce qu'est chacun, chercher à comprendre d'où il vient, ce qu'il a vécu, ce qui l'anime ou au contraire ce dont il a peur. C'est s'appliquer à mieux le connaître pour mieux le comprendre, à mieux le reconnaître pour mieux le valoriser, c'est-à-dire lui donner plus de valeur à ses yeux : la valeur que l'individu s'accorde est le reflet de celle qu'il lit dans le regard de son manager. C'est, en retour, aussi bien sûr, la possibilité pour le manager d'en dire un peu plus sur lui-même, de se faire comprendre un peu mieux et d'être à son tour reconnu. La construction du pont se fait dans une évidente réciprocité.

Outre l'effet motivant direct de la reconnaissance, l'édification de ponts relationnels a une autre vertu, elle aussi essentielle en management : c'est sur ces ponts que peut transiter la communication qu'implique le management. Poser des objectifs, définir des exigences, réclamer un changement, déléguer une mission, recadrer un comportement… sont autant de messages que le manager doit réussir à faire passer à son équipe ou à l'un de ses membres. Certains de ces messages, porteurs d'efforts (remise en cause, travail supplémentaire ou ingrat, objectif difficile à atteindre, etc.), peuvent se révéler aussi lourds que des camions de 44 tonnes : seul un pont solide peut les supporter !

L'image du pont illustre bien les situations de communication à fort enjeu que rencontrent les managers dans les entreprises. Prenons le cas de managers devant faire entériner un changement des horaires de travail, décision imposée par les contraintes économiques du moment, mais lourde de conséquences pour les collaborateurs. Certains managers, confiants dans la robustesse du pont qu'ils ont patiemment construit avec leur équipe, se contenteront, avec bon sens, d'annoncer de but en blanc la décision, en quelques minutes, en l'expliquant clairement mais sans vouloir la justifier. Leur équipe ne manquera pas de réagir, sans doute vivement, à cette nouvelle, exprimant, elle aussi de façon directe et entière, ses émotions (colère, désaccord, peur...). S'ensuivra une phase de dialogue, chacun faisant passer ses arguments sur le pont encore debout, pour faire valoir son point de vue : au sens littéral du terme, dire que les deux parties n'ont « pas le même point de vue » signifie bien qu'étant chacune sur une rive, de chaque côté du pont, elles ne voient pas les mêmes choses. En s'écoutant, le manager et l'équipe se donnent toutes les chances de parvenir à définir une solution permettant de tenir compte, au mieux, des contraintes, besoins, attentes de chacun.

Pour d'autres managers – ceux ayant négligé la construction ou l'entretien du pont, la tâche s'annonce délicate. Conscients de la fragilité de la relation, ils craignent le moment de l'annonce. Pour tenter d'en alléger le poids, ils soignent leur communication, intégrant la décision dans un PowerPoint de plusieurs pages, espérant *convaincre* leur équipe de la nécessité de ce changement d'horaires de travail. Le verbe *convaincre* dit tout de leur état d'esprit : ce ne sont que des c... à vaincre ! D'ailleurs, à la fin de sa présentation, le manager pensera avoir vaincu. *Veni, vidi, vici*[1]... résumera-t-il à son N+1, prenant l'absence de réactions de l'équipe durant la réunion pour un signe d'adhésion. Évidemment, à y regarder plus en détail, les bras croisés, les regards en biais, les soupirs de ses collaborateurs auraient pu le renseigner sur la réalité de leur état d'esprit (mais tout concentré qu'il était sur son PowerPoint, le manager n'a rien remarqué...) : si l'équipe, dans cette réunion, n'exprime pas son opposition, sa colère ou ses peurs, c'est bien sûr parce que le pont s'est déjà écroulé. « À quoi bon faire part de nos ressentis à un manager qui de toute façon ne s'est jamais intéressé à nous ? », pensent ces collaborateurs, qui attendront d'être entre eux, ou avec leurs représentants, pour livrer leur mécontentement quant à la décision annoncée, avant peut-être d'organiser la résistance.

1 « Je suis venu, j'ai vu, j'ai vaincu », aurait dit Jules César après une victoire militaire particulièrement rapide.

Les bons représentants savent parfaitement d'ailleurs que pour acquérir de l'influence dans une organisation, rien ne sert d'être celui qui parle : il faut avant tout être celui qui écoute, qui apporte la reconnaissance et bâtit des ponts.

Avis d'expert

LUDOVIC SIMON, ancien membre du Groupe de Protection de la Gendarmerie, responsable de la cellule Renseignement et évaluation des risques

QUELLE PLACE OCCUPE LA RELATION HUMAINE AU SEIN D'UNE UNITÉ D'ÉLITE ?

Les rapports humains sont un élément essentiel : le niveau de professionnalisme attendu ne saurait souffrir le moindre « malentendu » entre les membres d'une unité !

Il est donc impératif que les hommes « s'entendent », qu'ils sachent s'écouter, parler la « même langue » et bien se comprendre. S'il y avait un mot d'ordre ce serait : « *Entendons-nous bien !* »

CELA SIGNIFIE-T-IL QUE LA QUALITÉ DES RELATIONS CONSTITUE UN OBJECTIF DANS CES UNITÉS ?

Je ne parlerais pas d'objectif.

D'abord, *a priori*, on se moque bien que les hommes soient amis ou non à l'extérieur de l'unité. En pratique, les personnels qui constituent ce type d'unité sont liés entre eux par des liens très forts. Mais la qualité de ces liens est moins un objectif qu'une conséquence.

Elle résulte notamment du partage de règles de fonctionnement : « on commence ensemble, on termine ensemble »; « on passe les mêmes tests, les mêmes épreuves » ; « on s'entraîne ensemble » ; « on aide celui qui est en difficulté » ; « on ne pense que réussite, et puisque la réussite ne peut être atteinte que collectivement, le collectif est donc ce qu'il y a de plus important ».

Surtout, la nature des liens humains est le reflet d'une politique de recrutement centrée plus sur les « profils » que sur les compétences, permettant de rassembler dans l'unité des gens qui se ressemblent sur ces notions de base.

Alors qu'on ne cesse d'entendre parler de communication, la notion de pont relationnel prend une valeur particulière. Et l'exemple de l'annonce d'une décision délicate, même s'il est posé ici de façon certainement caricaturale, l'illustre bien. Avant de multiplier les temps et les outils de communication, avant de chercher à communiquer davantage, assurons-nous déjà de la solidité des relations. Car la relation prime la communication : elle est à la fois première dans le temps, et plus importante. Faire passer un message approximatif sur un pont solide reste plus efficace que l'inverse !

On peut d'ailleurs constater, dans la vie de tous les jours, que là où l'individu dit avoir des soucis de communication, il a en fait un problème de relation. Quand le père ne parvient plus à se faire entendre de son fils adolescent, ce n'est pas une question de communication en tant que telle : les deux parlent bien la même langue et réussissent d'ailleurs parfaitement à communiquer chacun de leur côté avec d'autres interlocuteurs. Ce qui est en jeu ici, c'est bien évidemment le pont : dans sa volonté d'affirmation, le fils a marqué ses différences et l'abîme des différences s'est élargi, augmentant de fait la portée du pont. Là où il aurait justement fallu être attentif à le renforcer, les reproches, les tensions, l'absence d'écoute, d'attention ou d'intérêt mutuel, ont au contraire fini par le fragiliser, jusqu'à ce que sa rupture empêche toute communication. Le bon sens des expressions courantes le dit bien : quand le pont est cassé, on dit qu'on « ne s'entend plus » : on n'a pas de problème de communication en tant que tel, d'ailleurs chacun s'évertue à parler... mais les messages ne passent plus, ils tombent au fond de l'abîme !

Avis d'expert

VIRGINIE GUYOT, pilote de chasse, ex-leader de la Patrouille de France (2010)

QUELLE PLACE OCCUPE LA RELATION HUMAINE AU SEIN D'UNE UNITÉ D'ÉLITE ?

Au sein de la Patrouille de France, tout repose sur un principe de confiance mutuelle. À chaque fois que les pilotes décollent ensemble, chacun remet sa vie entre les mains des autres (pilotes, mécaniciens...). D'où notre « slogan » ATHOS, que nous citons régulièrement, qui signifie bien « *Un pour tous, tous pour un* » !

CELA SIGNIFIE-T-IL QUE LA QUALITÉ DES RELATIONS CONSTITUE UN OBJECTIF DANS CES UNITÉS ?

Effectivement, dès le recrutement, nous attachons autant d'importance aux qualités humaines qu'aux compétences techniques des candidats.

Par la suite, nous cherchons en permanence à développer ce lien qui nous unit, en renforçant le sentiment d'appartenance à notre unité.

Cela passe par un éveil musculaire matinal que nous effectuons ensemble et par la pratique de sports collectifs à chaque fin de journée : ce moment représente une soupape importante pour l'équipe, qui autorise chacun à vider un éventuel trop-plein accumulé tout au long des entraînements. Pouvoir tout se dire est essentiel pour notre esprit de corps.

Cela passe également par les traditions militaires, des remises d'insignes de l'escadron, des cérémonies pour fêter nos succès... autant de rituels qui soudent les 45 acteurs de la Patrouille de France.

Comment construire le pont ?

La reconnaissance est un mécanisme clé de la logique d'envie. C'est de cette reconnaissance qu'est fait le pont, sans lequel nous ne pourrions pas communiquer.

Apporter de la considération s'impose comme la première posture de tout manager.

Une attention vraie et sincère

Le mot « posture » peut laisser penser qu'il s'agit pour le manager de jouer un rôle, de faire en l'occurrence *semblant* de s'intéresser aux autres.

À l'évidence, sauf à tomber sur un manager ex-membre de la CIA et surentraîné aux techniques de manipulation, les collaborateurs parviennent assez vite à déceler l'absence de sincérité. Pas besoin de détecteur de mensonge pour entendre les questions qui sonnent faux, l'écoute superficielle ou les compliments artificiels... Sans même parler de l'épuisement du manager qui chercherait à tenir ces *obligations* dans la durée – on l'a souligné plus haut : s'engager par obligation, c'est consommer beaucoup d'énergie...

Certes, à court terme, au début d'une relation – pour un manager en prise de fonction par exemple – s'intéresser à des gens que l'on ne connaît pas implique de faire quelques efforts. Encore plus quand, naturellement, sa propre personnalité ne pousse pas à aller vers les autres. Davantage aussi quand l'abîme paraît immense (différences de culture, d'origine, de métier, etc.). *S'obliger* à rencontrer, découvrir et s'intéresser aux autres est indispensable pour qui n'aurait pas déjà *l'envie* de le faire. Mais l'enjeu de ces premiers efforts n'est pas manipulatoire : aller vers les autres est le meilleur moyen d'apprendre à les connaître pour trouver finalement, contre toute attente parfois, les points d'accroche (affinités, passions, goûts...) sur lesquels pourra être arrimée l'armature du pont, et sur lesquels le manager et le collaborateur éprouveront une envie vraie et sincère de s'intéresser l'un à l'autre.

Dès lors, prendre des nouvelles chaque matin, se réjouir des bonnes, se préoccuper des mauvaises, s'enthousiasmer pour les passions de l'autre, être à l'écoute de ses soucis de tous ordres, s'intéresser à ce qu'est sa vie, devient un plaisir, que renforce le fait de pouvoir aussi, dans le sens inverse, parler de soi, de ses ressentis, émotions, plaisirs ou déplaisirs. Le pont est évidemment une voie à double sens. Reconnaître ses collaborateurs, c'est bien sûr se mettre en position de susciter l'intérêt et la considération de leur part, ce qui peut très largement contribuer à la motivation... du manager lui-même !

Bien sûr, il m'est arrivé à diverses reprises au cours de missions de conseil, de rencontrer quelques managers-ours, qui attestent détester échanger avec leurs collaborateurs, n'y prenant aucun plaisir, n'ayant aucune envie de se forcer ou craignant que la relation ne les rende faibles – d'après certains d'entre eux, il serait plus facile d'être dur quand aucun lien ne nous engage, j'y reviendrai.

Ces ours mis à part, l'écrasante majorité des managers dit éprouver un vrai plaisir dans cette posture relationnelle, qui, disons-le, apporte « un peu d'affect dans un monde de brutes » ! N'en déplaise aux théoriciens et formateurs en management, qui mettent beaucoup d'application à dénoncer le « management affectif », l'affect reste un moteur essentiel dans tout groupe humain. Au lieu d'aimer manager les hommes et femmes de son équipe, mieux vaut d'abord essayer d'aimer les hommes et femmes qu'on manage !

Un goutte-à-goutte quotidien

Certains DRH imaginent, à tort, que la reconnaissance implique de mettre en place des dispositifs compliqués et coûteux : systèmes de rémunération variable, avantages divers, accords d'intéressement, séminaires, réseau intranet, journaux internes... Ces dispositifs sont en réalité avant tout des éléments de satisfaction (souvent confondue avec la notion de motivation). Passé le sursaut lié à l'annonce de leur mise en place (cette annonce est un signe de reconnaissance dont l'effet s'estompe très vite), ils n'auront fait qu'accroître le niveau de confort (la satisfaction d'avoir pu satisfaire mieux certains besoins primaires) sans réellement renforcer le niveau d'engagement des équipes. La motivation, c'est l'envie de conquête. La satisfaction n'est que le plaisir (éphémère) du conquis. Jouer sur ces dispositifs – qui par ailleurs ont un effet incontestable pour récompenser et fidéliser les collaborateurs – n'a donc que peu d'impact sur la motivation. En revanche, ces solutions induisent un risque, commun à tous les leviers de satisfaction : une fois acquis, ils ne peuvent être retirés qu'au prix d'une forte démotivation. Pour paraphraser un vieux dicton populaire : donner, c'est motiver (peu), mais reprendre, c'est démotiver (beaucoup) !

Développer la reconnaissance ne requiert ni budget supplémentaire, ni dispositif complexe. Le sentiment de reconnaissance est avant tout de l'attention quotidienne qu'accorde la manager à chacun de ses collaborateurs : du « bonjour » du matin au café partagé un peu plus tard, d'un repas pris à la cantine au trajet effectué côte à côte en voiture jusque chez un client... nombreux sont les instants informels propices au renforcement et à l'entretien du pont de la relation. Chacun de ces temps est l'occasion de mieux se connaître, de mieux se comprendre, de montrer l'attention portée à l'autre.

C'est aussi le moment de déceler des micro-signes (comportements, attitudes, dissonances...) annonciateurs d'une fatigue, d'une démotivation, d'un souci, d'origine professionnelle ou personnelle : identifié rapidement, le problème peut trouver une solution simple et facile. Au contraire, en prenant de l'importance, il risque de devenir bloquant et d'avoir des conséquences difficiles à gérer. Combien de dossiers empoisonnants et compliqués finissent sur les bureaux des DRH et devant les Prud'hommes, alors qu'ils, n'étaient, il y a quelques mois encore, que des problèmes mineurs ? Ignorés ou négligés par les managers, les tracas quotidiens constituent souvent les prémices du conflit qui éclatera plus tard. Le conflit est au management ce que le bambou est au jardin : prenant profondément racine, il pousse de façon invisible, mais une fois sorti de terre, il grandit très vite !

Exemple

« Le management à la chaise »

Un patron, croisé récemment lors d'une mission en entreprise, profondément d'accord avec l'importance de ces moments d'attention, me confiait mettre en œuvre quotidiennement une pratique singulière et efficace, dite du « management à la chaise ».
Partout dans l'entreprise, expliquait-il, dans les bureaux ou les ateliers, sont disposées des chaises, en plus de celles sur lesquelles s'assoient bien entendu les collaborateurs qui y travaillent. Disposer ainsi des chaises supplémentaires, c'est pouvoir facilement venir à tout moment à proximité des équipes, s'asseoir pour quelques minutes ou plus, et engager simplement et facilement la conversation. Petit à petit, ajoutait-il, les gens se sont habitués à ce « management déambulatoire », livrant spontanément leurs états d'âme, leurs idées, leurs plaisirs ou difficultés au quotidien.

L'importance des moments informels

Sur le papier, apporter de la reconnaissance paraît donc simple : ni technique, ni dispositif ne sont nécessaires. Juste un goutte-à-goutte fait de moments informels d'attention, d'écoute et d'intérêt accordé à ses collaborateurs. Dans la « vraie vie », l'expérience montre une limite essentielle : le temps.

Dans un grand mouvement mêlant les 35 heures, le souci de rationalisation des organisations, la recherche de productivité, le développement de la transversalité, des organisations matricielles, du mode projet, du télétravail… l'entreprise a compressé le temps disponible des managers. Les moments informels, considérés comme du « mauvais gras », ont fondu : le café se boit devant l'écran d'ordinateur, le plateau-repas remplace le déjeuner à la cantine ou à la brasserie du coin, le mail dispense de descendre parler au collègue installé deux étages plus bas, l'espace intranet permet d'échanger les informations utiles au projet… Seuls les fumeurs résistent et continuent, été comme hiver, à échanger quelques mots tous les jours, formant désormais un groupe informel, parmi les plus soudés de toute l'entreprise ! Je connais d'ailleurs des managers qui ont dû faire l'effort de se mettre à fumer pour créer des ponts !

Cas d'entreprise

Liens distendus, ambiance tendue !

Lors d'une mission dans une entreprise de logistique – un répartiteur presse pour être précis – au sein de laquelle étaient apparus, dans les derniers mois, de nombreux comportements hors-jeu. Préjudiciables à la sécurité des personnes et des biens, à la qualité du service ou encore à la cohésion des équipes, ces dérives préoccupaient la direction de l'entreprise. D'après le diagnostic du DG, la cause essentielle de ces dérives résidait dans le caractère excessivement affectif selon lui, des chefs d'équipe chargés, dans l'entrepôt, du management direct des opérateurs. Il fallait donc, selon toute logique, d'une part aider ces managers de terrain à prendre de la distance vis-à-vis de leurs collaborateurs, et d'autre part les former à la pratique de techniques de recadrage et de sanction. Les rencontres et le temps passé sur le terrain allaient rapidement confirmer une partie du diagnostic : effectivement, les liens unissant les opérateurs et les chefs d'équipe étaient historiquement forts. Dans cette zone rurale, tout le monde se connaissait. Certains étaient de la même famille, d'autres jouaient au football dans la même équipe, ou se côtoyaient devant l'école des enfants. Beaucoup étaient amis. De fait, la culture managériale dans l'entreprise avait dû composer avec cette dimension affective, qui constituait un point d'appui très fort pour les chefs d'équipe (qui, par opposition, hésitaient à « faire péter les galons », comme disent les sous-officiers).

En revanche, le diagnostic différait sur un point : les chefs d'équipe s'accordaient pour expliquer que l'apparition et la multiplication des dérives de comportement au sein des équipes coïncidaient avec plusieurs évolutions dans l'organisation de leur mission. La mise en place d'un nouveau système informatique décentralisé de gestion des plannings, la refonte du mode de gestion de leur propre temps de travail, l'accroissement du suivi qualité ou encore les nouvelles exigences de reporting amenaient les chefs d'équipe à passer plus de temps dans leur bureau qu'auprès de leurs équipes. Outre les dérives, les chefs ressentaient par ailleurs une certaine démotivation, d'ailleurs confirmée par les opérateurs rencontrés sur le terrain, ces derniers disant vivre un sentiment d'abandon, un désintérêt, une absence d'écoute de leur encadrement direct.

Le diagnostic étant remis en cause, le remède préconisé par le DG n'était à l'évidence pas le bon. Renforcer le coefficient d'exigence et d'autorité, et

• • •

prendre ainsi le risque d'accroître un peu plus encore la distance entre les chefs et leurs équipes, voire de supprimer les derniers liens affectifs restants risquait de dégrader encore plus sérieusement l'ambiance. En demandant aux chefs d'équipe de multiplier les recadrages et les sanctions, le climat serait certainement devenu carrément explosif !

Une fois le DG conscient de son erreur de jugement, la mission a pu se poursuivre dans une voie plus respectueuse de la culture de l'entreprise et plus conforme aux principes essentiels du management. Elle a consisté d'abord à favoriser à nouveau la présence des chefs d'équipe sur le terrain (en particulier en « sacralisant » tous les temps informels propices à l'entretien des relations et à la reconnaissance), puis à travailler avec eux sur la redéfinition des exigences (réaffirmer les comportements « *in* » et « *out* ») et la correction des dérives « en live ». En effet, compte tenu de leur culture très opérationnelle, il est bien plus naturel pour les chefs d'équipe de corriger les micro-dérives en passant sur le terrain que de convoquer leurs opérateurs pour des entretiens de recadrage formels.

FICHE PRATIQUE

FAVORISER LES MOMENTS INFORMELS

Il est vital de favoriser les moments informels entre les managers et leurs équipes. Quelques règles simples à suivre :

- Éviter les réunions ou les rendez-vous le lundi matin (pour permettre aux managers de passer du temps avec leurs équipes).
- Créer des lieux de rencontre conviviaux (salles de pause par exemple) et installer les bureaux des managers au plus près de leurs équipes.
- Réinstaurer des fêtes (les anniversaires, mariages, naissances, succès… sont des occasions de créer et recréer du lien)
- Et surtout, montrer l'exemple ! Combien de patrons disent favoriser l'humain dans leur entreprise… mais pris dans la course quotidienne et le stress des responsabilités, n'ont eux-mêmes jamais le temps de boire un café, de déjeuner, de discuter, de rire avec leurs collaborateurs ?

Supprimer, directement ou indirectement, volontairement ou involontairement, les temps informels de relation a une propension forte et rapide à dégrader la motivation des équipes et celle de leurs managers (conscients souvent de la difficulté croissante de leur mission une fois les ponts relationnels fragilisés).

Le syndrome « tant que j'y suis... »

Cherchant à optimiser le temps, les managers commettent souvent la même erreur : profitant des quelques minutes qu'ils ont devant eux, ils mélangent relation et communication.

Exemple

Le syndrome « tant que j'y suis... »

La scène suivante, un lundi matin devant la machine à café, est symptomatique du manager « tant que j'y suis » :

– Ah ! Patrick ! Ça tombe bien que j'te croise... Je t'offre un café ? Court ou long ? Sucré, sans sucre ? J'me souviens jamais... Ça va sinon ? Ton week-end s'est bien passé ? Il faisait beau en Normandie ? Ah ben oui, je suis bête... T'es Normand ! Il fait toujours beau en Normandie quand on est Normand !

– ... [Patrick n'a pas le temps de répondre]

– Bon tant qu'j'y suis, je voudrais qu'on revienne 3 secondes sur le dossier Truquemuche, parce que tu comprends, blabla, blabla... sans compter que... blabla...

– Il faut aussi absolument que tu penses à m'envoyer ton rapport concernant l'affaire Bydulle...

– Et tant que j'y pense aussi, il faudra qu'on se cale un moment cette semaine sur le projet Machain... mais si, souviens-toi, je t'en ai parlé en janvier...

– Ouh la, 9 h 28, faut qu'je file en réunion... Bon allez, je te laisse, bonne semaine, à plus !

– [Gros soupir, regard perdu dans la tasse de café, Patrick est déjà fatigué de cette semaine qui n'a pas encore commencé].

Je caricature à gros traits... Mais chacun sait qu'il est souvent tentant de profiter d'un même moment pour faire plusieurs choses à la fois, surtout quand le temps nous est compté – c'est-à-dire quasiment tout le temps ! Qu'il s'agisse d'économiser de précieuses minutes, ou de tenter la vieille technique moisie du « sandwich » (consistant à entourer un message négatif de messages positifs, un peu comme les parents cherchent à masquer à l'enfant le mauvais goût du médicament dans une cuillère de confiture), le mélange des genres est, en management, une mauvaise idée. Car s'il y a bien un acte qui réclame l'exclusivité, c'est celui qui consiste à s'intéresser à l'autre. Que vaut l'intérêt qu'on me porte, s'il ne me paraît pas gratuit et désintéressé ? Dans le syndrome « tant que j'y suis », le manager semble en effet beaucoup plus intéressé par ce qu'il veut dire que par son collaborateur. Les questions de départ n'ont alors pas d'autre objectif que d'introduire les messages à venir – le manager ne prenant de toute façon même pas le temps d'écouter les réponses !

L'effet est dévastateur : non seulement le coefficient de reconnaissance est nul, mais pire, il tend à rendre, à l'avenir, tout moment d'écoute suspect. « Si tu vois le chef à la machine à café le matin, entend-on dans certains services, c'est mauvais signe : c'est qu'il a un travail à te confier ou une remarque à te faire ! »

Le principe qu'il faut garder en tête est le suivant : il faut consacrer du temps à ses collaborateurs, surtout quand on n'a rien à leur dire ! Reconnaissons que nous pourrions avoir la fâcheuse tendance, justement, à attendre d'avoir des messages à leur faire passer pour aller les voir.

Ajoutons que dans les cas où il y a un besoin urgent et important de leur communiquer quelque chose, le mieux est alors d'en venir directement au message, sans passer par la case d'un faux acte de reconnaissance. D'où l'intérêt d'avoir consacré, les jours précédents, du temps exclusivement à la construction et au renforcement du pont…

La reconnaissance de l'individu pour ce qu'il est (non pour ce qu'il fait)

Un dernier point clé me semble devoir être abordé pour compléter cet important sujet de la reconnaissance.

La posture que nous évoquons ici consiste, pour le manager, à consacrer du temps chaque jour, en tout cas autant que possible, à chacune des personnes qu'il encadre, non pas pour ce qu'elles *font* (leur travail, leurs résultats, etc.) mais bien avant tout pour ce qu'elles *sont* (leurs ressentis, leurs goûts, leurs inquiétudes ou leurs plaisirs).

Les deux aspects méritent en effet d'être distingués. Valoriser les collaborateurs pour ce qu'ils *font* ou pour les résultats qu'ils obtiennent est évidemment important – nous y reviendrons dans le dernier axe du « camembert », en abordant la notion de confiance en soi. Mais s'intéresser à ce qu'ils *sont* est essentiel (vital, pourrait-on dire), dans la mesure où le regard de l'entourage détermine la valeur que l'individu s'accorde à lui-même. C'est à l'estime de soi que contribue le fait de se sentir reconnu pour ce qu'on est. Être regardé, écouté, considéré, pour ce qu'il est, confirme à l'individu qu'il est digne d'intérêt. Précisons bien qu'il ne s'agit en aucun cas de compliments sur la personne (qui lui attribueraient une valeur supérieure à celle des autres, valeur qu'il pourrait finir par croire avoir réellement !) : porter de l'intérêt à ce que la personne exprime, l'écouter, la laisser parler, creuser suffit à construire son estime de soi.

Du côté du sport

L'histoire de Rafael Nadal constitue une belle illustration de ce mécanisme de reconnaissance de l'individu pour ce qu'il est et non pour ce qu'il fait. Non seulement, depuis son plus jeune âge, ce champion a la chance d'avoir autour de lui un entourage familial solide et stable. Mais celui-ci, au premier rang desquels l'oncle Toni – son entraîneur depuis ses débuts – est par ailleurs très attentif à entretenir avec Rafael une relation constante, centrée sur l'enfant qu'il a été et l'homme qu'il est, et la moins dépendante possible de ses talents, prouesses ou revers tennistiques. À plusieurs reprises dans sa carrière, Rafael Nadal a eu bien besoin de ce soutien inconditionnel, comme lors de cette longue période de convalescence qui l'a tenu éloigné des cours entre juillet 2012 et février 2013.

Cette relation forte et inconditionnelle qui l'unit à son clan n'est sans doute pas non plus étrangère à la solidité mentale dont Nadal fait preuve

• • •

sur le terrain. Nadal lui-même explique qu'il réussissait ainsi à mieux gérer la pression : « La victoire ou la défaite ne sont pas si importantes que ça, car je sais que ni l'une ni l'autre ne changeront le regard de mes proches. »

Ce socle de reconnaissance indépendante des succès et des échecs et uniquement fondée sur la personne pour ce qu'elle est, s'avère particulièrement important dans la période difficile que vivent la plupart des entreprises aujourd'hui. Trop souvent, la reconnaissance y est connectée à la performance. Quand la hiérarchie annonce chaque mois des résultats moins bons que le mois précédent, les équipes ont très vite le sentiment de ne plus rien valoir. Or c'est justement dans ces moments-là que l'entreprise a besoin de compter sur des collaborateurs qui ne doutent pas d'eux-mêmes. Pour qu'une équipe soit capable, sur le terrain, de s'engager pleinement dans l'action, de prendre des risques, d'innover, il faut qu'elle ait l'assurance, en rentrant au bercail, de toujours bénéficier du regard bienveillant et reconnaissant du manager.

Lorsque chaque membre de l'équipe ne se sent pas réellement reconnu pour ce qu'il est, non seulement l'équipe ne s'investit pas, mais par ailleurs, elle a toutes les chances d'imploser. La cohésion d'équipe ne peut en effet émerger qu'à la condition que chacun puisse exister au sein du collectif, non pas uniquement comme contributeur (ce qu'il apporte en production) mais bien comme personne (avec son caractère, ses qualités ou ses défauts). Sinon, la rébellion de l'ego étouffé n'aura de cesse d'empêcher le bon fonctionnement de cette équipe.

Du côté du sport

L'affaire du bus de Knysna, paroxysme de la crise qui a secoué l'équipe de France de football lors de la Coupe du Monde de 2010 en Afrique du Sud, illustre bien les ravages que peuvent causer les problèmes relationnels entre un entraîneur et son équipe.

On se souvient qu'après un match de qualification gagné (volé ?) grâce à la main de Thierry Henry, l'équipe avait traversé une phase de préparation difficile, ponctuée d'incidents divers, déjà révélateurs de l'ambiance tendue existant entre les joueurs et le staff (affaire Zahia, tensions entre les différents clans « cadres », les « remplaçants » et les « Lyonnais », choix de l'hôtel...).

C'est la décision finalement prise par la Fédération d'exclure Nicolas Anelka (ce dernier ayant insulté le sélectionneur Raymond Domenech), qui mit le feu aux poudres, au beau milieu de la phase de compétition : on peut difficilement oublier les images de ce bus, dans lequel on devine les ombres de ces joueurs en grève (!) qui refusent d'en descendre, protestant contre la décision de la Fédération.

Les différents témoins de l'époque l'ont dit : le climat relationnel délétère qui régnait dans cette équipe ne pouvait conduire à rien d'autre qu'une implosion pure et simple.

Lors de la dernière campagne de Coupe du Monde au Brésil, fort heureusement, Didier Deschamps a semblé avoir tiré les leçons du fiasco de Knysna. À l'occasion d'une interview (en l'occurrence, quelques jours avant le match opposant la France à la Suisse), Deschamps confia qu'il passait chaque jour beaucoup de temps à discuter avec chacun de ses joueurs. Au journaliste qui lui demandait la nature des messages qu'il leur faisait passer, Deschamps répondit avec bon sens : « Oh, vous savez, je n'ai rien de particulier à leur dire... En fait, je les écoute, je leur demande leur avis, mais en fait on discute très souvent d'autre chose que de football... », avant d'ajouter, en substance, que si on veut une équipe soudée, sans problème d'ego, il faut justement passer beaucoup de temps à s'occuper de chacun.

À défaut d'avoir décroché le titre, l'équipe de Deschamps n'a pas hésité cette fois à descendre du bus : mieux, ses joueurs ont démontré, de l'avis des spécialistes, une capacité à s'engager et à produire du beau jeu à laquelle, en 2010, on n'aurait jamais pu croire.

L'essentiel

- **Pour satisfaire ce besoin de chaque individu** de se voir exister dans le regard de ceux qui l'entoure, le manager doit veiller à apporter chaque jour beaucoup de considération à chacun de ses collaborateurs.
- **C'est en s'intéressant à la personne** (à ses ressentis, à ses joies, ses peines, ses passions, ses inquiétudes, etc.) que le manager pourra réussir à créer petit à petit l'indispensable « pont » relationnel sur lequel pourront ensuite passer les messages. Sans ce « pont », la communication s'avère difficile.
- **Se matérialisant essentiellement par la qualité** de l'écoute accordée « au goutte à goutte » par le manager, dans tous les temps informels existants (ou à créer), ce lien permet aussi d'assurer au collaborateur qu'il compte d'abord pour ce qu'il est (personne) au-delà de ce qu'il fait (contribution, compétences, résultats).

AUTODIAGNOSTIC

Quiz

Suis-je un manager « attentionné » ?

- ☐ Assez naturellement, mes collaborateurs me confient leurs problèmes personnels.
- ☐ Je connais le prénom des enfants de tous les membres de mon équipe.
- ☐ Pas une journée ne commence sans un temps de discussion convivial et informel.
- ☐ J'aime prendre le temps de déjeuner avec des personnes de l'équipe.
- ☐ Régulièrement, on se retrouve pour faire la fête ensemble.
- ☐ On trouve toujours un moment pour fêter les anniversaires entre nous.
- ☐ Dès que je perçois un signe de fatigue chez un collaborateur, j'essaye d'en parler avec lui pour comprendre ce qui ne va pas.
- ☐ Quand je suis moi-même fatigué, mes collaborateurs prennent le temps de me demander ce qui ne va pas.
- ☐ Même lorsque j'arrive sur le lieu de travail de l'équipe en cours de journée, je prends toujours le temps de faire le tour pour dire « bonjour » à chacun.
- ☐ Même dans les moments difficiles, l'ambiance et les relations restent bonnes et détendues.

Si vous avez répondu « oui » à la plupart de ces affirmations, vous possédez certainement ces qualités d'empathie, d'écoute, d'ouverture aux autres, qui animent ces managers « attentionnés ». De façon naturelle, vous portez à ceux qui vous entourent cette considération qui favorise l'établissement d'un lien fort et facilite la communication. Vos collaborateurs vous en sont d'ailleurs très certainement reconnaissants.

Si, au contraire, vous ne vous êtes pas reconnu dans ces différentes phrases, vous faites partie de ces managers plus distants qui jouent sur d'autres leviers pour susciter l'engagement de leur équipe. Vous intéresser aux gens n'est pas a priori naturel et sans doute avez-vous raison de ne pas chercher à faire semblant au risque de surjouer une fausse considération. Soyez tout de même attentif à témoigner ce minimum d'attention (dire « bonjour », etc.). Identifiez, dans l'équipe, ceux qui possèdent peut-être ces talents de créateurs de liens et faites en sorte de leur laisser la possibilité de les mettre en œuvre (temps, moyens, délégation…).

Chapitre 5

La posture de sanction

Executive summary

- **Beaucoup de managers craignent de faire acte d'autorité**, par peur de casser la relation qu'ils se sont appliqués à bâtir. Redoutant le conflit, ils repoussent à « plus tard » le moment de la sanction. Or, c'est précisément dans ce délai de réaction, voire dans cette absence de sanction, que se développe le conflit tant redouté.
- **En sachant « être dur à temps »**, le manager s'évite au contraire « de devoir être cruel plus tard », selon les mots du philosophe Sainte-Beuve.
- **La sanction (ni disciplinaire, ni juridique) de la « micro-dérive »** est un acte de courage relationnel et pourtant très puissant s'il est réalisé avec fermeté, sans agressivité ni rancune.

La capacité de sanction, gage de crédibilité du manager

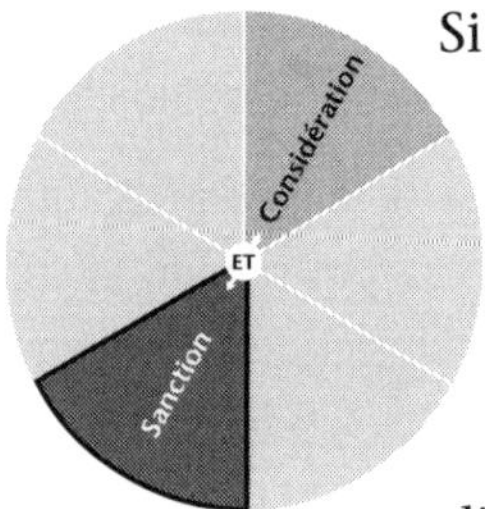

Si l'apport de considération (1re posture) est l'élément fondateur de toute relation managériale (axe n° 1 du « camembert »), il doit être complété par un aspect également indispensable : la capacité de sanction des dérives (2e posture).

La reconnaissance est centrée, nous l'avons dit, sur la personne, sur ce qu'elle est. En ce sens, elle ne dépend pas des résultats obtenus par cette personne, ni de la qualité de son travail.

Mais être reconnu pour ce qu'on est n'ouvre pas pour autant le droit de faire n'importe quoi. Vivre ou travailler ensemble suppose évidemment de respecter quelques règles : les règles du jeu en sport, les règles de la vie en groupe au sein d'une équipe, celles du droit du travail ou encore les règles de politesse que les parents enseignent à leurs enfants...

Celui qui ne joue pas le jeu, même s'il obtient des bons résultats, ne peut continuer à jouer, là où celui qui joue le jeu, même s'il n'obtient pas les résultats attendus, a toujours sa place. Ce principe est un déterminant essentiel de la cohérence du management, de la crédibilité du manager et de la cohésion d'équipe.

Du côté du sport

Je ne résiste pas à la tentation de revenir sur l'affaire du bus de Knysna... Au-delà de la défiance existant entre les joueurs et leur sélectionneur, un autre aspect a paru manquer dans le management de Raymond Domenech. C'est précisément celui de la sanction.

La main de Thierry Henry qui permet finalement à l'équipe d'aller en Afrique du Sud aurait dû, selon toute logique, exiger de la part de Domenech une sanction – à défaut de celle de la FFF et de la FIFA. Les heurts et tensions qui ont suivi auraient dû aussi conduire à des réactions

• • •

d'autorité, fermes et sans appel. Les insultes d'Anelka, dans les vestiaires, à la mi-temps du match contre le Mexique, méritaient incontestablement une sanction exemplaire. Sans parler de la grève ridicule dans le bus... dont Domenech se fera le porte-parole, en acceptant de lire le communiqué des joueurs face à la presse, tenue un peu à l'écart du fameux bus !

Insuffisance de considération d'une part, absence de sanction d'autre part : quand les deux composantes de l'axe Relation font défaut, la crédibilité du manager, sa capacité d'influence, et par conséquent l'engagement et la cohésion de l'équipe, sont nuls. Comme les résultats !

Au contraire, comme l'illustrent les managers ou les coachs qui savent être à la fois très proches de leurs collaborateurs, et capables d'autorité en cas de dérive (à l'image de Yannick Noah avec Fabrice Santoro), les relations fortes, celles qui motivent et développent l'individu, intègrent les deux dimensions, avec une intensité égale, idéalement forte. Elles ont un aspect « dur-sûr », tranchant avec le « mou-flou » prudent et tiède mis en œuvre avec application. Le « mou-flou », en management, consiste à préserver un équilibre permanent entre un peu de considération d'un côté (mais pas trop), et un peu d'autorité en cas d'extrême urgence (mais pas trop et surtout pas trop tôt).

Du côté de l'éducation

L'école fait partie de ces univers où le management « mou-flou » prospère, non pas du fait que les enseignants seraient dépourvus de bon sens ou de compétence, mais assurément par nécessité d'adaptation à l'environnement et au système.

Sauf cas particuliers, zèle du professeur ou situation d'urgence, le seul lien unissant l'enseignant à l'élève est pédagogique. En dehors des cours eux-mêmes, dans des classes souvent chargées, les contacts se limitent à la rencontre fortuite le matin devant la grille, un conseil de classe (pour les élèves délégués seulement) ou, dans le meilleur des cas, une sortie extrascolaire. C'est dire que l'occasion pour l'élève de sentir l'intérêt de son professeur pour ce qu'il est ne se présente pas souvent. On me dira sans doute que ce n'est pas leur rôle… Et certes, dans beaucoup de cas, heureusement, les enfants trouvent à la maison, la reconnaissance, l'écoute et le soutien dont ils ont besoin. Mais, pour d'autres élèves, vivant dans des environnements difficiles, susciter l'attention et la considération d'un adulte tient du besoin vital.

Surtout, au-delà même de ce bénéfice direct pour l'élève, établir un pont relationnel, c'est se mettre en position de pouvoir communiquer plus facilement : l'exigence, la remontrance, ou l'encouragement ne peuvent provoquer l'effet escompté que si l'élève respecte ou mieux, estime, son professeur.

À travers ce prisme, on comprend que les débats revenant régulièrement sur le manque d'autorité des enseignants (ou en tout cas les difficultés que certains d'entre eux ont à se faire obéir) restent souvent incomplets : s'il est sans doute vrai qu'il faut redonner une place à la discipline et à la sanction, cela ne peut générer de progrès que s'il y a en parallèle, un investissement plus grand dans la reconnaissance, la prise en compte et l'écoute de chaque élève. Mais poursuivre cette piste reviendrait inévitablement à accroître assez fortement le temps de présence des enseignants au sein des établissements – ce qui impliquerait un sacré engagement « dur-sûr » de nos dirigeants politiques…

Dans l'entreprise, à l'école, sur les terrains de sport, dans tout groupe humain, la force d'entraînement de la relation managériale repose sur l'amplitude existant entre l'attention apportée et l'acte d'autorité venant ponctuer les dérives de comportement. Comme le sel et le poivre, comme David et Jonathan (mais si, mais si, cherchez bien : l'inoubliable tube « Qu'est-ce que tu fais pour les vacances ? »), attention et sanction sont indissociables. La sanction – on y reviendra – n'a pas besoin d'être agressive et violente (bien au contraire) pour être efficace… s'il y a par ailleurs beaucoup d'attention dans la relation tout le reste du temps. Inversement, l'attention n'a de valeur aux yeux de l'individu que parce qu'il sait, par ailleurs, que son manager est capable de faire preuve d'autorité.

La peur de la rupture relationnelle

Le manager « mou-flou », lui, préfère l'équilibre et la retenue, à l'amplitude.

Selon lui, trop d'attention (par exemple s'intéresser à la vie personnelle d'un collaborateur qui manifesterait l'envie d'en parler) risquerait de créer un rapport affectif qu'il juge dangereux. Il craint souvent d'être trop proche des gens et préfère garder de la distance. Il constate d'ailleurs la fragilité des relations qu'il a avec ses collaborateurs.

Dans le même temps, il redoute d'avoir à faire preuve d'autorité : sentant que la relation est fragile, il perçoit que la sanction pourrait provoquer un conflit, voire une rupture. La retardant sans cesse, préférant multiplier les reproches dans l'espoir de n'avoir pas à faire preuve d'autorité, le « mou-flou » s'enferme dans une spirale désastreuse : les hors-jeu perdurent, sa crédibilité de manager se délite, l'équipe se divise (certains jugent le manager insuffisamment ferme, d'autres profitent des marges de tolérance), les relations se dégradent... En l'occurrence, agacé par le collaborateur fautif (mais non sanctionné), le manager le prive de toute attention – lui faisant payer ainsi le prix de ses dérives sans pour autant réellement faire acte d'autorité. Et, finalement, quand après des semaines tendues, poussé à bout, ou pressé par sa hiérarchie ou par une partie de son équipe, le manager se décide à sanctionner, il n'a d'autre choix que de taper très fort du poing sur la table. Mais, face à lui, il trouve généralement un collaborateur remonté, qui trouve la sanction disproportionnée (habitué qu'il est aux reproches devenus réguliers) et a le sentiment en réalité de ne pas être aimé (de fait, la disparition de l'attention a porté ses fruits !). Ce jour-là, l'entrevue entre les deux parties est tendue. Et rares sont les cas où il n'en résulte pas le conflit pourtant tant redouté !

Mal conseillé par la peur du conflit et de la rupture, le « mou-flou » croit tout faire pour les éviter. En réalité, il met inconsciemment en place toutes les conditions pour qu'ils se produisent. On trouve ici une belle illustration de ce mécanisme pervers généré par toute peur : lorsque, par peur, l'individu se fixe pour objectif d'éviter une situation ou un obstacle, il tend en fait à mettre en œuvre les comportements qui finiront par le mener tout droit vers ce qu'il voulait éviter (tout comme les mauvais réflexes que peut avoir un conducteur sur une route glissante : à regarder le fossé dans lequel il craint de déraper, il y emmène tout droit sa voiture...).

Comble de l'histoire, une fois le conflit ou la rupture survenus, le manager y verra la confirmation de son postulat de départ : il y a bien danger à s'engager dans une relation, à donner trop d'attention aux gens. Heureusement qu'il ne l'a pas fait davantage, expliquera-t-il : cela aurait rendu le conflit ou la rupture plus difficile encore !

Les vraies vertus de la sanction

L'autorité n'est pas seulement nécessaire au management. Elle est profondément utile à l'individu à laquelle elle s'adresse.

Étymologiquement, le terme « autorité » vient du latin *auctoritas* signifiant « faire grandir ». Faire acte d'autorité revient donc à aider l'individu à grandir – voilà pourquoi l'autorité est aussi un ingrédient indispensable dans l'éducation des enfants.

Pourtant, même s'ils y recourent par obligation, beaucoup de managers (de parents aussi) considèrent l'autorité comme un acte anormal, comme l'indicateur d'un échec. Ils y associent une dimension essentiellement négative. Dans la mémoire de chacun, restent encore gravés les souvenirs vécus (ou imaginés...) des punitions humiliantes auxquelles renvoie souvent la notion d'autorité : les coups de règle sur les doigts ou le bonnet d'âne de l'école, la fessée ou la gifle des parents, les points en moins sur le permis de conduire...

Mais l'autorité ne se résume pas au concept de punition. Punir, c'est « frapper quelqu'un d'une peine pour avoir commis une faute », dans l'espoir de « marquer » l'individu et de le dissuader de récidiver. « Tu as mal fait, donc tu dois avoir mal » pose le principe de la punition. Vieille illusion, mais illusion quand même ! L'efficacité de la punition est plus que contestable, notamment parce qu'en fait d'amener l'individu à réfléchir sur ses actes (ceux-là mêmes qui lui ont valu cette punition), la souffrance ressentie le porte plutôt à en vouloir à son bourreau ! La punition s'inscrit dans une logique de face à face, entre un maître outragé et un transgresseur humilié. Elle tient plus du règlement de comptes que de l'acte d'autorité adulte destiné à faire grandir, d'autant que la peine infligée n'a bien souvent aucun lien avec la faute génératrice.

À la punition, le bon manager préférera la sanction. Sanctionner, c'est confronter le fautif à la conséquence de son acte. Par définition donc, la sanction est directement en lien avec la faute : l'excès de vitesse mène ainsi au retrait du permis de conduire, le retour trop tardif de l'enfant conduit à l'interdiction de sortir à nouveau, le tacle brutal et dangereux du footballeur à un carton rouge synonyme d'exclusion… Dans la sanction, le fautif accède ainsi au sens même de la Loi, de la règle établie comme condition du vivre ensemble. La relation n'est plus celle du face-à-face vengeur de la punition : elle est triangularisée par la Loi. Il y a la Loi (sanctifiée – origine même de la notion de sanction), celui qui la transgresse, et celui qui la fait respecter. L'intention du manager n'est pas de « faire payer » ni de « faire mal » (comme dans la punition), mais bien de rappeler la règle, de s'en porter garant, d'appliquer la juste et logique sanction découlant naturellement de son non-respect. Son objectif d'ailleurs n'est pas de dissuader l'individu de récidiver, mais bien seulement de le rendre responsable de ce qu'il choisit de faire – seul *auteur* de ses actes et des conséquences qu'ils ont. Voyez comme les deux mots « auteur » et « autorité » semblent ici avoir un air de famille ! Faire acte d'autorité, c'est réaffirmer que chacun est l'*auteur* de sa propre vie. La sanction est bien un acte pédagogique, une marque d'intérêt, la traduction d'une intention positive du manager.

Comment jouer la sanction ?

Concrètement, le juste exercice de l'autorité implique le respect de quelques principes simples.

L'importance de la définition des règles du jeu

Le premier principe est fondateur de la notion même d'autorité. On ne peut parler d'autorité qu'à la condition qu'elle s'inscrive comme légitime : légitime au sens où cette autorité prend source seulement et uniquement dans la Loi. Aussi n'est-ce pas le manager lui-même qui fait autorité : c'est la Loi. Encore faut-il, bien sûr, que la Loi – les règles du jeu comme on le dit souvent – aient été clairement établies.

Là encore, le manager « mou-flou » est souvent pris en défaut. En se contentant d'exiger de bonnes intentions – « ce serait bien d'essayer d'être ponctuel... », demande-t-il à son équipe – il se trouve en difficulté lorsqu'évidemment une partie de ses collaborateurs arrive *un peu* en retard... Tout juste peut-il oser quelques reproches tièdes... auxquels d'ailleurs les fautifs réagiront en expliquant sûrement qu'ils ont *essayé d'être le plus ponctuel possible* ! Compte tenu des craintes du « mou-flou » en matière d'autorité, on peut le soupçonner de faire exprès de ne jamais être précis dans la définition des règles pour être certain de ne pas devoir être « dur-sûr » dans la sanction !

Le « dur-sûr », lui, prendra bien sûr le temps de définir avec précision les règles du jeu. Il évite ainsi toute ambiguïté sur le comportement attendu. Il se rend également parfaitement prévisible aux yeux de ses collaborateurs, aucun d'entre eux ne pouvant, en cas de hors-jeu, être surpris par la réaction d'autorité. Il permet ainsi à chacun de prendre ses responsabilités, c'est-à-dire de décider, en toute connaissance de cause, de ses choix : respecter la règle ou au contraire la transgresser, cette dernière option l'obligeant à en accepter les conséquences (la sanction).

À titre d'exemple, là où le manager mou-flou émettra un vague souhait de ponctualité, le manager dur-sûr cherchera à définir avec son équipe le comportement précisément attendu : être en mesure de démarrer la réunion à 9 heures précises, impliquant donc non pas d'arriver à 9 heures au bureau, mais bien d'être au plus tard à 9 heures assis en salle de réunion. S'il peut ouvrir la discussion sur la définition même de cette règle (prendre en compte éventuellement certaines contraintes, s'entendre sur le sens de cette règle – pouvoir terminer la réunion à 10 h 30 par exemple, obtenir un accord du plus grand nombre sur la règle...), le dur-sûr précise ensuite clairement l'importance qu'il accorde au respect de cette règle. Il n'est pas dans le registre du souhait, mais bien dans celui de l'exigence, dans lequel s'exprime à la fois l'aspect impératif de la règle et l'engagement personnel du manager : « Je compte sur vous pour... », dit-il par exemple, plutôt que « Ce serait bien d'essayer de... ».

Le caractère dur-sûr de la définition des règles est enfin un point d'appui essentiel pour le manager. En posant clairement l'exigence, il construit les fondations de l'éventuel acte d'autorité qu'il aura à jouer en cas de dérive. Pouvoir se référer au moment de définition de la règle fait partie des éléments forts de la sanction : « Il me semblait pourtant qu'on était bien d'accord sur l'importance d'être tous présents à 9 heures ce matin, non ? »

La fermeté dès le premier hors-jeu

Bien entendu, dans l'entreprise, comme dans d'autres lieux de vie en communauté (la famille, l'école, les terrains de sport...), il y a des comportements unanimement jugés comme inacceptables. Ne pas respecter certaines règles constitue une faute manifeste, exposant son auteur à une sanction incontestable : voler, frapper, tricher... Ces fautes font d'ailleurs généralement l'objet de sanctions prédéfinies. Elles entrent dans le cadre de la Loi et du droit, certaines pouvant être pénalement répréhensibles. Dans les entreprises, ces fautes graves ou lourdes posent un problème juridique, plus qu'un problème de management.

Plus compliqués sont les « petites » fautes, les micro-dérives du quotidien : retards récurrents, agressivité verbale chronique envers un client ou un collègue, non-respect d'une consigne ou d'un engagement, discours négatifs répétitifs sur l'entreprise ou sur le produit, etc. Ces hors-jeu, bien que mineurs en apparence, ne peuvent évidemment être tolérés : la crédibilité du manager, la cohésion de l'équipe, la motivation du collaborateur hors-jeu sont ici en cause. Or, traditionnellement, sur ces micro-dérives, l'autorité est représentée comme un processus progressif et graduel, l'intensité de la sanction – ou de la punition, la distinction n'étant que rarement faite – s'accroissant au fur et à mesure des récidives éventuelles. Ainsi, beaucoup de managers font preuve de tolérance ou d'indulgence sur les premiers hors-jeu (à peine les font-ils remarquer au fautif, espérant que les choses rentrent dans l'ordre naturellement...), avant de tenter quelques reproches de plus en plus appuyés auxquels le collaborateur va lentement s'habituer... sans rien changer à ses comportements (c'est ce qu'on appelle le phénomène de mithridatisation[1]). À bout de nerfs, poussé par son équipe ou par son N+1, le manager finit par recourir à l'autorité... trop tard. Le collaborateur, ce jour-là, s'étonne d'abord que son comportement (conforme à ce qui est devenu pour lui une habitude) déclenche soudain une réaction qu'il juge disproportionnée. Le manager, lui, estimant que les choses ont assez duré, peine à rester factuel et précis : il généralise et accuse la personne au-delà des comportements incriminés (« Tu es toujours en retard », « Tu ne fais aucun effort »...). L'entretien est généralement difficile et tendu. Le manager est à ce moment-là souvent obligé de choisir soit la voie du conflit, en décidant de formaliser l'entretien par un courrier par exemple, que le collaborateur vivra comme une punition (j'insiste sur le mot), soit la voie de l'apaisement, en optant pour un « ça va pour cette fois, mais attention... » dont l'efficacité sur les comportements du collaborateur

1 Du nom de Mithridate VI Eupator (dit Mithridate le Grand), ce roi de l'Antiquité qui, par peur de mourir empoisonné, s'est appliqué à ingérer d'infimes doses de poison pour immuniser son corps... pour finalement, semble-t-il, mourir transpercé par une épée !

sera ponctuelle – mais durable en revanche sur la perte de crédibilité du manager !

Cette « culture de la 18e chance » ne fonctionne pas : elle mène soit au conflit, soit à l'abandon des règles établies. Et dans les deux cas, elle conduit à une lente mais sûre dégradation de la relation : le manager agacé par les comportements de son collaborateur finit par lui en vouloir, et faute de réussir à faire acte d'autorité pour mettre un terme aux dérives, il cesse généralement de lui apporter considération et attention. En croyant préserver la relation (par la tolérance initiale de ses réactions aux hors-jeu), le manager risque en réalité de l'abîmer.

L'autorité, pour reprendre la très juste expression de Sainte-Beuve[1], consiste à « savoir être dur à temps, pour éviter d'avoir à être cruel plus tard ». À temps, c'est immédiatement, dès le constat d'une première dérive, même minime. Car, face à ce premier hors-jeu, justement minime, il est possible pour le manager d'être dans une expression calme et posée de son autorité : les conséquences de la dérive ont toutes les chances d'être nulles ou minimes. À ce moment-là, la punition est bien entendu hors-sujet et l'aspect pédagogique de la sanction prend toute sa force. L'entretien de sanction est factuel et tranquille, mais ferme : ce n'est pas un vague reproche « à chaud », mais un vrai entretien *ad hoc*, joué après coup (« à tiède », dans la journée par exemple). Le manager constate le hors-jeu, rappelle la règle et l'importance qu'elle revêt pour lui, puis exige l'engagement du collaborateur à la respecter.

Ce faisant, nous l'avons souligné déjà, il n'espère pas que cela oblige le collaborateur à respecter la règle (après tout, comment serait-ce possible ?), mais tient seulement à marquer cette première dérive formellement. En demandant au collaborateur de s'engager (*via* une question fermée : « Est-ce que je peux compter sur toi ? »), il renvoie celui-ci à sa propre responsabilité. Au moins le collaborateur ne sera-t-il pas surpris de l'escalade déclenchée par ses éventuelles récidives !

1 Charles-Augustin Sainte-Beuve, critique littéraire et écrivain français (1804-1869).

La sanction relationnelle

Derrière cette pratique du rappel ferme et immédiat (dès les premières dérives), se dévoile l'idée de l'impact relationnel. L'individu a besoin de la relation pour exister, vivre et se développer (le besoin de considération dont nous avons déjà parlé) : l'entretien de sanction joue sur ce mécanisme. Ce que cet entretien met en jeu, ce n'est pas autre chose que la relation. Il ne contient ni menace ni promesse explicite, ne formule aucune peine, ne comporte aucun reproche. Par sa forme, d'abord, il donne à l'individu fautif une sorte d'avant-goût de cette rupture relationnelle qui se produirait en cas de récidive. Dans le fond, ensuite, il rappelle que la relation (et la reconnaissance qu'elle apporte) est bien conditionnelle. Par ses comportements, le fautif est seul responsable : à lui de choisir entre la relation ou la rupture.

En ce sens, il est essentiel pour les managers de comprendre qu'il y a une dimension de bluff dans l'acte d'autorité. Plus je réussis à montrer que je suis prêt à aller jusqu'à la rupture, sans aucun d'état d'âme, plus l'entretien a d'impact. Évidemment, à l'inverse, plus je laisse transparaître que je redoute l'éventualité de la rupture, moins l'individu est touché. Comme dans une négociation commerciale !

On touche ici l'une des difficultés les plus fréquemment décrites par les managers que nous croisons en entreprise. Nombreux sont ceux qui se plaignent en effet d'avoir dans leurs équipes des collaborateurs « *border line* » : ni vraiment en faute, ni pleinement respectueux des règles ou des procédures, mais généralement compétents, voire performants. Ces « barons » comme les appellent parfois les managers savent pertinemment que l'entreprise a besoin d'eux. Forts de ce caractère indispensable qu'ils s'attribuent (et que d'ailleurs leur manager a pu parfois leur confirmer), ils se permettent quelques écarts réguliers de comportement ou de professionnalisme.

Différents éléments sont en jeu dans ce genre de situation. Outre les éventuelles conséquences opérationnelles des dérives en question (sur la qualité, la sécurité ou la performance par exemple), les dérives régulières entachent grandement la crédibilité du manager, de moins en moins écouté dans les exigences qu'il pose. La cohésion de l'équipe s'en trouve également dégradée, les uns suivant le « baron » dans ses dérives, les autres reprochant le manque d'autorité du manager. À terme, l'apparition du conflit est difficilement évitable.

FICHE PRATIQUE

REPRENDRE UNE SITUATION EN MAIN

Pour le manager, reprendre le contrôle exige de construire un plan d'action intégrant les étapes suivantes :

- Valider, avec son N+1, la nécessité de reprendre la situation en main… en partageant l'éventualité d'une rupture.
- Recenser les dérives les plus fréquentes.
- Parmi ces dérives, identifier un point clé (comportement le plus flagrant et/ou le plus facile à corriger) et se concentrer d'abord sur celui-ci, en redéfinissant de façon précise et positive le comportement attendu.
- Prévoir un entretien individuel avec le « baron » pour mettre au clair la relation. Cet entretien repose la règle du jeu et annonce l'intransigeance à venir. Il ne contient ni reproches généraux, ni menaces, et ne cherche pas à reposer l'ensemble des règles à respecter.
- En contrôler le respect de façon précise, en se tenant prêt à rappeler le collaborateur à l'ordre dès la première dérive. En cas de hors-jeu, l'entretien de recadrage doit être factuel et ferme, et faire référence à l'entretien individuel du point précédent : « Il me semblait pourtant que, sur cette règle, nous nous étions bien mis d'accord. Je suis bien obligé de constater que ce n'est pas le cas… »

L'essentiel dans ce travail de reconquête est de réinstaller une relation binaire, faite d'un côté de considération (pour le collaborateur et ses compétences), et de l'autre d'autorité, faisant comprendre au collaborateur que si l'on reconnaît sa contribution à sa juste valeur, il n'est pas pour autant indispensable – allons jusqu'au bout même : l'amener à intégrer que sa présence est indésirable au sein de l'équipe s'il n'est pas exemplaire dans ses comportements et ses pratiques. Pour cela, le manager doit accepter de ne cibler qu'un seul des comportements ou pratiques en cause. Réclamer une exemplarité totale tout de suite ne fonctionne pas.

L'absence de rancune

L'acte d'autorité, pratiqué en réaction de la toute première dérive, possède une dernière vertu : parce qu'il permet au manager d'exprimer tout de suite et entièrement ce qu'il pense du comportement constaté, il évite de nourrir d'inutiles et nocives rancunes. Être dur à temps pour éviter d'être cruel plus tard, c'est aussi dire les choses vite pour donner la possibilité à la relation de reprendre ensuite comme si cette dérive n'avait pas eu lieu – à la condition évidemment que l'individu ait bien corrigé ses comportements.

L'acte d'autorité n'a pas d'écho. Si, au terme d'un entretien de rappel, l'individu prend la responsabilité de respecter les exigences posées, il doit être assuré que plus jamais le sujet de cette première dérive ne reviendra dans une discussion, ni d'une manière, ni d'une autre : évidemment il ne lui sera pas fait de reproche sur ce vieux hors-jeu, pas plus d'ailleurs qu'il ne devra être félicité pour être devenu exemplaire ! Il s'agit ici bien de montrer que ce qui était en question dans la sanction, n'est évidemment pas la personne pour ce qu'elle est, mais son comportement (ce qu'elle a fait).

L'essentiel

- **S'il doit apporter beaucoup de considération** à ses collaborateurs, le manager doit aussi savoir sanctionner les hors-jeu.
- **Pour cela, en amont, il aura pris le temps** de définir précisément et clairement les règles du jeu avec son équipe.
- **Il recadrera ensuite sans délai et avec fermeté** toute micro-dérive : en sachant « être dur à temps », il évite ainsi bien souvent de « devoir être cruel plus tard »… comme sont contraints de l'être ces managers qui, redoutant le conflit, retardent ou atténuent les actes d'autorité jusqu'au point de « non-retour ».
- **Capable d'une autorité juste et structurante**, le manager « dur-sûr » consolide en réalité le lien qui l'unit au collaborateur et renforce sa propre crédibilité, là où le manager « mou-flou » s'enferme souvent dans des relations distantes et méfiantes.

AUTODIAGNOSTIC

Suis-je un manager « cohérent » ?

- ☐ Je ne supporte pas les fautes d'orthographe.
- ☐ Quand quelque chose ne va pas, je le dis immédiatement.
- ☐ J'ai pris le temps, avec mon équipe, de définir des règles du jeu, au-delà des dispositions du règlement intérieur.
- ☐ L'approximation m'agace.
- ☐ Je trouve que certains managers font preuve d'une trop grande indulgence à l'égard de leurs collaborateurs.
- ☐ On me reproche parfois d'être impatient.
- ☐ J'aime que les bureaux soient toujours correctement rangés.
- ☐ Il m'est arrivé plusieurs fois de remettre des courriers d'avertissement à certains de mes collaborateurs.
- ☐ Mes collaborateurs savent parfaitement ce qui pourrait me mettre en colère.
- ☐ S'il le fallait, je n'aurais pas de scrupules à licencier un collaborateur en faute.

Si, pour vous, la plupart de ces affirmations sont justes, vous faites partie probablement de ces managers exigeants et rigoureux, qui n'hésitent pas à cadrer et recadrer leur équipe. Ce qui compte pour vous, ce sont la qualité du travail et la satisfaction du client… et peut-être avant tout encore, le respect des engagements pris. Vous attendez donc beaucoup de vos collaborateurs, non pas tant en termes de résultat, qu'en termes d'engagement.

Si, au contraire, ces affirmations ne vous ressemblent pas, vous êtes plutôt dans la catégorie des managers qui s'accommodent d'une plus grande souplesse. Les éclats de voix, les désaccords et les recadrages sont plus rares. Au conflit, vous préférez la patience et la négociation… au risque de devoir composer avec des situations qui dégénèrent et vous mettent parfois en porte-à-faux. Prenez tout de même le temps de définir, avec votre équipe, des règles du jeu : le collectif peut générer une forme d'autorité qui contribuera à pousser les récalcitrants à la cohérence.

Chapitre 6

La posture de concentration

Executive summary

- **Là où la pression de la recherche de performance** amène certains managers à multiplier les indicateurs, les reportings, et les tableaux Excel, le manager soucieux d'impliquer son équipe veille à cultiver une concentration permanente sur les gestes décisifs du métier.
- **Le manager « basique », attentif à cette culture** des « fondamentaux métier », sait en effet que la pression sur l'enjeu tend à dégrader ce plaisir du jeu qui est pourtant la clé du succès.
- **Indulgent sur l'atteinte du résultat,** impliquant son équipe sur les choix tactiques (plans d'action), il s'efforce en revanche d'être intransigeant sur l'application des fondamentaux.

L'importance de la maîtrise des gestes décisifs

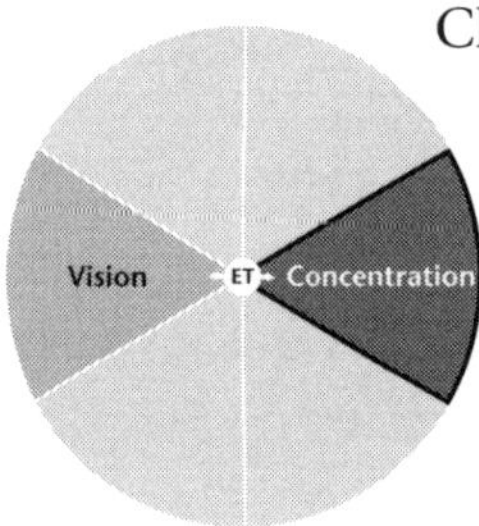

Chacun le sait, pour l'avoir certainement expérimenté dans la vie professionnelle, le sport, ou dans n'importe quelle autre activité : pour réussir, il faut avant tout maîtriser les gestes de base de l'activité. La non-application de ces gestes basiques, ou leur application approximative, rend la réussite très improbable, en tout cas fragile et difficilement reproductible.

Paradoxalement, dans l'entreprise (qui affiche pourtant des ambitions de performance), cette dimension est souvent négligée : pas assez noble – ce qui est « basique » paraît simpliste et peu évolué, on lui préfère la créativité tactique, l'intelligence stratégique, le talent ou encore la rage de vaincre. Ce dernier élément revient par exemple très fréquemment dans la bouche des commentateurs sportifs : tel athlète devrait sa victoire à « une plus grande volonté de gagner » que les autres ! En réalité, dans l'action, non seulement la volonté de réussir ne pallie pas l'éventuelle approximation basique… mais pire : lorsque cette volonté se fait trop forte – logique d'obligation ou de survie – se transformant en pression sur le résultat, elle empêche la concentration. L'ancien champion de tennis Yvan Lendl illustrait à sa façon le mécanisme : « On ne gagne pas un match en ayant les yeux rivés sur le tableau des scores. On le gagne en regardant la balle. »

Dans beaucoup d'univers, et dans l'entreprise en particulier, la pression est ainsi devenue, ces dernières années, un mode de management privilégié : KPI's, reporting, tableaux Excel, pilotage, score card… l'inflation des méthodologies, méthodes, outils de suivi des résultats semble ne pas avoir de limites, amenant les managers à passer de plus en plus de temps les yeux rivés au tableau des scores, pour reprendre l'expression de Lendl. La soi-disant « culture de performance » comme l'ont baptisé nos hommes politiques a contaminé tous les univers, y compris la police, l'école, ou les différentes administrations. L'intention était peut-être louable : mesurer l'efficacité des actions pour en obtenir l'amélioration paraît empreint de bon sens. Ce sont les méthodes qui en découlent qui posent problème. En focalisant les managers, et par conséquent leurs équipes, uniquement sur les chiffres, elles ont largement contribué à accroître le stress (la pression sur le résultat générant la peur de ne pas réussir plutôt que l'application à bien faire), à faire baisser le niveau de mobilisation (la course aux indicateurs détourne du sens) et à dégrader le niveau d'application des gestes décisifs… et donc la performance ! Pour une culture censée développer la performance justement, c'est embêtant ! Cerise sur le gâteau : constatant la dégradation des résultats (sous le double effet de ces méthodes de pression et de la crise), certaines entreprises ont cru bon de redoubler d'effort, pilotant de façon plus serrée encore les fameux indicateurs de performance, augmentant la fréquence des reportings, etc. Si les résultats continuent à se dégrader, pensent les dirigeants de ces entreprises-là, c'est que justement, nous ne sommes pas allés encore assez loin ni assez vite vers cette « culture de performance » !

Cas d'entreprise

Quand la pression sur les indicateurs détourne de l'application des basiques

Lors d'une mission menée au sein d'un organisme public, nous avons pu mesurer l'absurdité des dérives engendrées par cette « culture de performance ».

Le ministre de tutelle de cet organisme, par ailleurs député-maire d'une ville moyenne, avait été interpellé à plusieurs reprises, par ses administrés, sur la difficulté de joindre par téléphone les antennes locales de l'organisme en question. Agacé par cette défaillance de service public, le ministre avait évidemment immédiatement convoqué le Directeur Général, le sommant d'améliorer dans les plus brefs délais les statistiques d'accueil au téléphone. En l'occurrence, avait annoncé le ministre,

• • •

• • •

désormais, le « taux de décroché » (nombre d'appels effectivement pris / nombre d'appels passés) devrait lui être remonté chaque semaine. L'objectif fixé par le ministre était de passer au-dessus des 70 %, puis de viser rapidement les 80 %.

La semaine suivante, les consignes avaient été passées dans chaque unité. Chaque responsable local avait été « invité » à organiser les plannings de son équipe, de façon à détacher en permanence quelques collaborateurs de leur mission opérationnelle habituelle pour les dédier à l'accueil et au traitement des appels téléphoniques. Pour mobiliser les équipes sur le sujet, un point régulier devait être fait sur le « taux de décroché ».

Évidemment, la mise en place de ces « cellules » (le mot choisi en dit long...) dédiées à l'accueil téléphonique générait beaucoup de résistance de la part des équipes : sentiment de perdre le sens de leur engagement, pression subie au téléphone (l'essentiel des appels provenant d'usagers mécontents des retards de traitement de leur dossier), pression du temps...

Mécaniquement, le nombre d'appels décrochés par les équipes, sur chaque site augmentait, pouvant laisser présager une amélioration du « taux de décroché »... si le nombre d'appels lui-même n'avait pas, en parallèle, continué à croître. En effet, mobilisés pour répondre au téléphone pendant une partie croissante de leur temps, les agents prenaient du retard dans le traitement des dossiers, motif n° 1 des appels téléphoniques des usagers !

De passage le week-end sur le marché de sa ville, le ministre affrontait des administrés toujours mécontents que leurs appels téléphoniques n'aboutissent pas, mais désormais furieux que leur dossier n'ait pas été traité en temps et en heure. Le nouvel indicateur à suivre devenait maintenant la durée moyenne de traitement des dossiers ! Et, pour ajouter au grotesque de la situation, il fut décidé d'instaurer une « journée sans téléphone » (sic), devant permettre aux agents, une fois par semaine, de se consacrer exclusivement au traitement des dossiers !

Aux dernières nouvelles, l'organisme en question n'a pas encore trouvé le chemin de la performance...

Et il en sera ainsi tant que les managers locaux seront « invités » à multiplier les reportings sur des indicateurs toujours plus nombreux (parfois plusieurs dizaines à remonter vers des services différents, services dont l'existence même est dédiée au contrôle des indicateurs), plutôt qu'à manager leurs équipes quotidiennement sur les fondamentaux du métier ; en l'occurrence, ici, ceux garantissant le traitement efficace et rapide des dossiers.

La (re)découverte des gestes décisifs

La « culture de performance » mal digérée a un autre effet pervers, plus grave encore : elle conduit, dans beaucoup d'endroits, non seulement à la non-application des fondamentaux du métier, mais pire, à leur oubli pur et simple. Dans ces entreprises, les managers, venus de l'extérieur, pétris de « culture de performance », possèdent une maîtrise impressionnante d'Excel... mais une méconnaissance flagrante du métier de base. Certains affichent même, de façon plus ou moins explicite, un mépris pour l'activité « basique » de leurs équipes : « La vente, c'est quand même pas très compliqué », dit ce responsable commercial, ou « Franchement, pas besoin d'avoir fait de hautes études pour tenir ce poste d'opérateur sur ligne », persifle ce chef d'atelier. Au passage, voilà deux pensées qui en disent long sur le degré de considération de ces managers pour leurs collaborateurs... Deux opinions souvent entendues qui résument une croyance très répandue – et entretenue sur les bancs des grandes écoles qui forment ces managers : la réussite serait avant tout affaire d'intelligence stratégique. Les grands succès, dans l'entreprise, devraient tout au génie stratégique de leur dirigeant. Le même raisonnement s'appliquerait aussi au sport : Federer, Phelps, Zidane... tous les grands champions auraient hérité d'un talent magique, à l'origine de leurs performances géniales. Idem encore en politique, où une grande partie des électeurs attend impatiemment l'arrivée d'un Grand Homme (ou Grande Femme), capable par le génie de ses décisions, de sauver la France et son bon peuple !

Avoir une stratégie intelligente (pourquoi pas géniale) participe bien évidemment à la construction d'une performance durable. Et certains ont indéniablement le talent d'en inventer... Mais ceux qui ont bâti un succès dans la durée (et non seulement un exploit), ont aussi et surtout compris l'importance de la maîtrise des fondamentaux. Les grands champions sportifs ont tous passé des heures et des heures à répéter, ciseler, optimiser chacun des gestes décisifs de leur sport, et souvent plus encore que leurs camarades. Les grands patrons, au-delà des idées géniales qu'ils ont pu avoir, ont consacré une énergie phénoménale à découvrir, perfectionner, manager les fondamentaux du métier. Eux savent que le vrai challenge est là : renforcer jour après jour le degré de perfection dans la réalisation des actes fondamentaux du métier : enrichir de détails toujours plus soignés l'accueil et le parcours du client lorsqu'on dirige une enseigne de distribution, faciliter le respect des gestes décisifs sur les lignes de production (assurant la sécurité, la qualité et la productivité des lignes), préciser chaque point de passage dans le traitement d'un dossier dans l'administration, etc.

En oubliant l'importance des fondamentaux, l'entreprise finit par perdre ses fondamentaux. Une fois les anciens partis à la retraite, le savoir « basique » se perd, balayé par les méthodologies de la culture de performance et par les fantasmes de génie stratégique.

Il est alors plus qu'urgent de redécouvrir les fondamentaux, de demander aux managers de renverser l'équilibre de leur emploi du temps, en délaissant leur tableur Excel et en (ré)investissant le « terrain ». S'intéresser au métier de base (et donc aux hommes et aux femmes qui le pratiquent), c'est d'une part renouer le lien avec les équipes, leur apporter plus de reconnaissance, et d'autre part redécouvrir la richesse et la complexité de ce métier. L'enjeu alors est de réussir à identifier, dans l'ensemble des actions mises en œuvre chaque jour par les gens de métier, celles qui sont incontournables et décisives. Souvent noyés dans la masse des processus (tels que décrits parfois dans les démarches de certification), les « vrais » fondamentaux, ceux qui déterminent effectivement la performance, méritent d'être mis en valeur, enseignés, animés au quotidien, et régulièrement réinterrogés : peut-on améliorer leur efficacité ? les enrichir ? faciliter leur application ? les jouer différemment ? À l'évidence, s'il appartient au manager d'être moteur dans cette démarche, les équipes de terrain sont les principales contributrices : qui mieux qu'elles peuvent répondre à ces questions ?

Exemple

« Est-ce que je peux vous aider ? » : le plus mauvais basique du commerce !

Les commerçants nous fournissent tous les jours une belle illustration sur le thème des fondamentaux à redécouvrir (ou plutôt à découvrir... !). Qui, en effet, ne s'est jamais retrouvé, dans un magasin, hésitant entre plusieurs modèles de cafetières, surpris par la question du vendeur : « Bonjour M'sieur, est-ce que je peux vous aider ? »... question à laquelle, comme la plupart des clients, nous répondons « Non, merci, je regarde... ». Comme la plupart des clients aussi, attirés par les promotions du magasin d'en face ou par la facilité d'une commande Internet, nous renonçons finalement à acheter. Nous voyant ressortir, le vendeur tente, dans un ultime effort, de nous retenir :

– Vous n'avez pas trouvé ce que vous cherchiez ?

– Non, non, pas tout à fait, mais je repasserai peut-être..., répondons-nous, laissant le vendeur dépité de voir une partie du chiffre d'affaires s'échapper.

Dans ce commerce à peine imaginaire, le soir venu, quand le Responsable de Magasin fait le bilan chiffré de la journée, l'ambiance est tendue. Devant les résultats décevants, et en réponse aux reproches à peine voilés du Responsable, les vendeurs multiplient les explications : les prix de la concurrence, plus attractifs, l'offre produit insuffisante, la fréquentation en légère baisse, le pouvoir d'achat en berne, les clients de plus en plus difficiles, la mondialisation et la concurrence chinoise, la météo trop clémente, etc. De toute façon, conclut le vendeur de cafetières : « Quand les clients entrent, c'est seulement pour regarder, pas pour acheter ! » C'est bien connu, nous avons tous tellement de temps libre, que régulièrement, on traîne au rayon cafetière, juste pour le plaisir d'aller regarder ces ultimes et géniales créations du Génie humain...

Les bons commerçants le savent : qui veut vendre un produit doit d'abord (et avant tout) réussir à créer une relation avec le client (bâtir le pont, pour reprendre l'image évoquée dans l'axe de la Relation). Une chose est sûre : utiliser une question fermée (« Est-ce que je peux vous aider ? ») est le plus mauvais réflexe pour qui veut créer une relation. Hésitant dans sa demande, fragile dans son désir, le client généralement refuse facilement la relation, répondant, dans une grande proportion : « Non merci, je regarde... ».

Redécouvrir les fondamentaux, c'est comprendre d'abord l'importance de cette toute première entrée en matière, qui si elle est inappropriée, rend très compliquée la réalisation de la vente. C'est ensuite chercher, avec les vendeurs, les bonnes pratiques : identifier les phrases et les postures qui fonctionnent, et s'amuser à en inventer d'autres, à les tester et les

• • •

• • • améliorer, chacun pouvant, au regard de sa personnalité et de sa sensibilité, se les approprier. Certains utiliseront l'humour, d'autres joueront sur le sourire. Quelques-uns, par exemple, constatant l'intérêt du client pour un article en particulier, tenteront de faire un commentaire positif sur le produit : « C'est une machine très performante », diront-ils, amenant assez naturellement une réaction du client, autour de laquelle un échange pourra s'engager.

Les fondamentaux du métier, les gestes décisifs, sont des actions basiques, c'est-à-dire simples à comprendre, faciles à accomplir si on les envisage une par une. Mais cet adjectif « basique » qu'on leur accole souvent est trompeur. Le fondamental est basique parce qu'il est à la base de toute performance. Mais le mot « basique » a aussi une connotation péjorative qui peut laisser penser qu'il n'y a aucune intelligence dans ce qui est basique. L'intelligence serait le propre du stratégique, là où le basique serait « bête ». Or, l'intelligence mise au service de la redécouverte, du perfectionnement et du management des fondamentaux est un axe de développement et d'innovation essentiel pour les entreprises : innover ne consiste pas seulement à inventer un produit ou un process nouveau mais aussi à trouver de nouvelles façons de faire le métier de base. Qui plus est, c'est une voie de différenciation unique : copier une stratégie s'avère en effet plus simple que de parvenir à démultiplier le souci apporté à chaque détail du métier. Henry Ford parlait en son temps déjà de « ceux qui s'enrichissent en faisant attention à des détails que les autres négligent », version capitaliste du traditionnel dicton affirmant que « Dieu est dans les détails » !

Avis d'expert

LUDOVIC SIMON, ancien membre du Groupe de Protection de la Gendarmerie, responsable de la cellule Renseignement et évaluation des risques

DANS UN UNIVERS COMME LE VÔTRE, AVEC LE NIVEAU DE PERFORMANCE RECHERCHÉ, ON IMAGINE UN TRÈS HAUT NIVEAU D'EXIGENCE ?

Précisons d'abord que les unités d'élite recherchent l'efficacité, et non la performance qui intègre une notion d'exception et de dépassement. L'efficacité est la capacité à atteindre un objectif par la mise en œuvre de processus que l'on peut toujours reproduire. Le but du jeu n'est pas de battre le record de la mission la plus rapide, mais de réussir la mission ! C'est dire que l'exigence est bien sûr forte, mais qu'elle porte plus sur « le mieux » que sur « le plus ».

COMMENT CELA SE TRADUIT-IL ?

L'objectif, c'est que chacun sache exactement ce qu'il a à faire, que chacun maîtrise les gestes liés à sa fonction, et que chacun connaisse parfaitement le matériel qu'il utilise. Cela implique à la fois des entraînements individuels et collectifs, qui respectent deux principes :

- coller à la réalité (voire la surestimer) ; c'est pourquoi il ne s'agit pas de « jouer à », mais bien de « faire comme » (entraînements à balles réelles, de jour, de nuit, par tout temps, scénarios réalistes…). En mission, la réalité ne doit pas surprendre, ni faire douter : elle doit avoir été imaginée et prévue lors d'entraînements extrêmement exigeants ;
- inscrire par la répétition chaque geste et chaque procédure afin qu'ils deviennent des réflexes.

Pour illustrer le niveau d'exigence de la préparation, rappelons qu'une unité telle que le GIGN compte plus de blessés et de morts à l'entraînement qu'en opération.

L'intransigeance sur les gestes décisifs

Redécouvrir les fondamentaux du métier est essentiel. Consacrer du temps, chaque jour ou presque, à les perfectionner et les affiner démontre aux équipes l'importance qu'il faut leur accorder.

Les équipes finalement s'engagent là où se porte ensuite le regard de leur manager. Dit autrement, la façon avec laquelle ce dernier manage effectivement au quotidien l'application des fondamentaux détermine le degré d'implication de l'équipe sur ces gestes décisifs.

À l'évidence, puisque ces fondamentaux ont un caractère décisif, le manager doit avoir, quant à leur application, une posture « dure-sûre », quasiment binaire : soit les fondamentaux sont respectés et le collaborateur/l'équipe doivent être valorisés, encouragés, soutenus (même si les résultats tardent à venir ; *cf.* le chapitre 8 et la posture Valorisation), soit ils ne le sont pas et le collaborateur/l'équipe doivent faire l'objet d'un acte d'autorité en bonne et due forme (*cf.* le chapitre 5 et la posture Sanction).

Au-delà de l'enjeu de performance, les fondamentaux ont aussi pour vertu d'obliger le collaborateur/l'équipe à se positionner « dedans » ou « dehors ». Pour reprendre l'expression à la mode dans l'univers politique, et faire bugger le correcteur d'orthographe : les fondamentaux sont « clivants ». S'agissant, on l'a compris, d'exigences basiques, faciles à comprendre et simples à mettre en œuvre, le collaborateur n'a aucune bonne raison de ne pas les respecter... sauf à décider sciemment de ne pas le faire ou encore à négliger tout bonnement la base de son travail. C'est dire que réaffirmer les fondamentaux, c'est mettre chacun en face de ses responsabilités : décider de jouer le jeu (et dans ce cas, se rendre irréprochable, même si finalement on commet par ailleurs des erreurs ou que l'on échoue) ou choisir de ne pas faire les efforts de base. Ainsi défini, le « contrat managérial » n'a pour critère ni la performance, ni le niveau de compétence, ni le talent, ni l'intelligence... mais seulement l'application des gestes décisifs.

Dans cet esprit, « redescendre » dans un management basique, structuré par les fondamentaux, est un facteur essentiel de développement des individus : parce que le critère de base de ce management est l'engagement à appliquer des gestes simples, il offre à tout individu la possibilité d'être reconnu, de progresser, d'apprendre et peut-être de réussir.

Du côté des cuisines

Cette valorisation des efforts (par opposition à la primauté souvent donnée au résultat, au talent ou à la compétence) transparaît bien dans certains domaines d'activité. Celui des cuisines, dans le secteur de la haute restauration, est une illustration intéressante des vertus du management basique – de ses limites aussi bien sûr (des affaires ont révélé la brutalité des méthodes de certains chefs).

Le niveau d'exigence posé par le chef est élevé évidemment, mais reste concentré sur la recherche de la perfection du geste : pas question pour les équipiers, pendant le « coup de feu », de chercher à exprimer leur talent, leur créativité, leur envie du moment. Le seul objectif est de mettre en œuvre chacun des gestes décisifs dont dépend la réussite de la recette mise au point par le chef. Avant d'être « envoyé », et donc servi au convive, le plat est contrôlé par le chef, lequel valide qu'il correspond parfaitement à ce qu'il souhaite.

Deux éléments ressortent :
- l'extraordinaire capacité à reproduire le même résultat – y compris en changeant tout ou partie de l'équipe. Ce ne sont pas les talents qui font le plat, c'est la stricte application des gestes techniques ;
- la possibilité pour un simple commis de monter les échelons – même s'il n'a au début ni talent particulier, ni formation, ni carnet d'adresse – à la seule condition qu'il démontre son envie de bien faire et son goût de l'effort.

L'indulgence sur le résultat

D'une certaine façon, réaffirmer l'importance des fondamentaux revient donc à conclure un « contrat managérial », dans lequel le manager propose à son équipe d'échanger la « pression d'enjeu » (et le stress allant avec) par une absolue « concentration sur le jeu » (application systématique des fondamentaux) : la peur de ne pas atteindre l'objectif contre le souci de bien faire son métier.

Car, à l'intransigeance sur l'application des fondamentaux évoquée précédemment, s'associe de fait une attitude d'indulgence sur les résultats : tant que l'équipe joue le jeu, c'est-à-dire applique les gestes décisifs, elle est soutenue, encouragée, valorisée par le manager (nous verrons comment dans le chapitre 8 et la posture Valorisation), même si les résultats ne sont pas au rendez-vous ou même s'il y a eu des erreurs commises. L'erreur, qui traduit un manque de compétence, doit amener de l'assistance, au contraire de la faute, qui révèle une absence ou une insuffisance d'effort, c'est-à-dire un hors-jeu qu'il faut sanctionner.

L'indulgence sur les résultats ne consiste évidemment pas à relativiser la non-atteinte de ceux-ci : l'objectif visé reste bien d'obtenir des résultats. Il s'agit simplement de considérer le résultat comme ce qu'il est vraiment : une conséquence des actions mises en œuvre. À ce titre, il est l'indicateur d'efficacité de ces actions et notamment des fondamentaux (définis comme décisifs au regard de l'objectif visé).

En l'occurrence, si l'équipe joue les actions définies comme décisives, mais que le résultat obtenu n'est pas à la hauteur des objectifs visés, il paraît cohérent que le manager fasse preuve d'indulgence à l'égard de l'équipe, en valorisant les efforts faits et en actant sa propre responsabilité dans la non-atteinte des objectifs : fondamentaux mal définis, choix tactiques erronés, erreur stratégique, objectifs surévalués, environnement sous-évalué… De la même manière, quand les fondamentaux sont respectés par l'équipe et que les résultats qui en découlent cette fois sont conformes aux objectifs, le manager cohérent veillera à rappeler qu'au-delà de la satisfaction évidente du succès, il faut rester concentré sur les exigences basiques : les bons résultats ne tombent pas du ciel, pas plus qu'ils ne révèlent nos grands talents ; ils ne sont que la conséquence de l'application que chacun met dans l'exercice quotidien de son métier.

Lorsque les résultats sont là, mais qu'à l'inverse les fondamentaux sont négligés, c'est évidemment l'intransigeance qui doit prévaloir sur la satisfaction : on ne peut se réjouir de tels résultats. Et même si l'équipe pense à faire la fête (« Après tout, seul le résultat compte », peut-on entendre alors dans les rangs !), le manager doit alors trouver les mots pour rappeler ses collaborateurs à l'ordre (et capitaliser sur les actions gagnantes peut-être mises en œuvre dans ce succès inattendu !).

Certainement est-ce plus facile de trouver ces mots quand les négligences de l'équipe ont conduit à l'échec... Et encore ! Il peut être tentant, dans ces moments-là, d'élaborer (ou d'accepter d'entendre) les traditionnels discours de justification externe nous exonérant à bon compte de toutes nos responsabilités, dont celle du respect des fondamentaux.

Exemple

Le taux d'application des fondamentaux : « Que chacun fasse son TAF ! »

La scène se déroule dans une grande entreprise française du secteur de la grande distribution. Le Président, très attaché au métier et aux fondamentaux qui vont avec, aime visiter régulièrement les différents magasins du Groupe.

Arrivé à l'improviste, comme à son habitude, le Président arpente les rayons. Un employé, qui le reconnaît, se précipite sur son téléphone pour prévenir le Directeur du magasin de la présence du « Big Boss ». Toute activité cessante, le Directeur accourt, son classeur de chiffres sous le bras. Au milieu du rayon Boucherie, les deux hommes se rencontrent :

– Bonjour Monsieur le Président, quelle surprise ! On vient de me prévenir de votre arrivée...

– Bonjour Monsieur X, comment allez-vous ?

– Parfaitement bien, Monsieur le Président, les chiffres sont excellents ce mois-ci, je vais vous montrer...

– Je ne vous demandais pas combien vous alliez, je vous demandais comment vous alliez... J'ai vu les chiffres, je les connais : je les regarde sur mon PC régulièrement, et effectivement ceux du magasin ici sont bons. Mais ce que j'aimerais, c'est qu'on fasse ensemble un tour de magasin : avant que vous n'arriviez, j'ai vu quelques points qui méritent une action rapide de vos équipes...

• • •

• • •

S'ensuit une cruelle promenade dans les rayons et auprès des caisses, au cours de laquelle le Président pose un regard intransigeant et millimétré sur les dérives basiques les plus criantes : propreté, rangement, affichage, éclairage, remplissage des rayons, etc. Tout en insistant sur la nécessité de mettre en œuvre immédiatement les actions correctives sur ces différents points, le Président rappela un point essentiel de sa vision du management :

– Savez-vous ce que j'attends de vous ?, demanda-t-il au Directeur du magasin.

– Garantir croissance du CA et rentabilité du magasin que m'a confié le Groupe ?, tenta le Directeur.

– Ça, c'est notre objectif. Mais ce n'est pas votre mission : votre mission, c'est de garantir que chacun ici, dans ce magasin, fasse son taf...

Un peu surpris d'entendre ce mot, le Directeur fit préciser au Président sa pensée :

– Vous m'avez compris, j'en suis sûr : quand je dis « taf », je dis « travail à faire ». Mais TAF, dans mon esprit et dans le vôtre maintenant, c'est aussi Taux d'Application des Fondamentaux ! Nous connaissons bien ce métier depuis des années que nous le pratiquons : si vous savez me garantir un TAF proche de 100 %, dans les rayons, à la caisse, partout dans le magasin, alors je vous garantis que le CA et la rentabilité continueront à se développer.

Au-delà du caractère symbolique de cette visite impromptue, le Président de cette entreprise rappelle l'évidence : le chiffre n'est qu'une conséquence. Par définition, le résultat « résulte » de l'action, en l'occurrence de l'application scrupuleuse et passionnée de tous les gestes décisifs du métier.

L'implication sur les tactiques

Si les basiques constituent une base souvent décisive, en tout cas incontournable, dans la construction d'une performance durable, on ne peut nier l'importance également des choix tactiques ou plans d'action.

Le champion de tennis, bien sûr, fait la différence sur la maîtrise des gestes de base en toutes circonstances, mais aussi sur la pertinence des décisions tactiques qu'il prend. Certaines de ces options tactiques correspondent à des schémas préparés à l'avance (en fonction des points forts du joueur et des points faibles de son adversaire). D'autres, bien sûr, se décident dans l'action, en fonction des situations de jeu. La largeur de la palette des tactiques maîtrisées, la justesse des choix faits avant le match, la souplesse du champion pour adapter ou changer les schémas tactiques en cours de match ou lors d'un point (en fonction de la position de l'adversaire sur le terrain par exemple) sont des facteurs essentiels de performance. Une fois de plus, la maîtrise des fondamentaux s'avère décisive à cet égard : différents spécialistes ont montré qu'à force d'entraînement, les basiques chez les champions devenaient des gestes réflexes, dont la réalisation ne prend au cerveau que quelques millièmes de seconde, laissant du temps de cerveau disponible pour identifier la meilleure tactique possible à chaque instant.

Revenons à l'entreprise... Là aussi, l'intérêt de l'intransigeance sur les fondamentaux a son importance. Elle permet en effet au manager d'avoir, au contraire, sur l'aspect tactique, une posture d'ouverture, de nature à développer une plus grande implication de l'équipe. Une fois les fondamentaux posés, appliqués et ancrés, une fois donc la base assurée, il devient possible – et d'autant plus souhaitable même que les générations Y et suivantes en ont à la fois l'envie et la capacité – d'ouvrir la discussion sur la définition des plans d'action. Sur la construction des plans d'action, le manager a tout à gagner à faire appel à la créativité, aux idées, aux talents, à l'engagement de chacun des membres de son équipe. Donner de l'autonomie dans l'élaboration des plans d'action favorise à la fois la réactivité, l'innovation et l'implication : l'équipe sera certainement plus investie dans un plan choisi par elle que dans un plan imposé. Cela favorise aussi et surtout l'efficacité : qui est mieux placé que l'équipe pour identifier les tactiques les mieux adaptées à son environnement quotidien ? Une seule contrainte à respecter, bien entendu : les choix tactiques ne doivent pas empêcher, gêner ou dégrader le niveau d'application des fondamentaux. Mieux, le plan d'action choisi devrait permettre une application plus complète, plus précise ou plus facile des fondamentaux.

Avis d'expert

VIRGINIE GUYOT, pilote de chasse, ex-leader de la Patrouille de France (2010)

DANS UN UNIVERS COMME LE VÔTRE, AVEC LE NIVEAU DE PERFORMANCE RECHERCHÉ, ON IMAGINE UN TRÈS HAUT NIVEAU D'EXIGENCE ?

Intégrer la Patrouille de France, c'est accepter l'idée de représenter la France. Cela veut dire une exigence de chaque instant, tant en termes de performance que de comportement.
Chaque année, trois pilotes quittent la patrouille et trois nouveaux l'intègrent : pendant un mois, les nouveaux vivent une phase d'immersion en observant le fonctionnement de notre unité afin d'en comprendre les codes. Nous devons être irréprochables dans notre tenue vestimentaire, avant, pendant et après un vol. Nous devons également être accessibles du grand public… Nous devons toujours avoir à l'esprit que la star, c'est la Patrouille de France, pas nous !

COMMENT CELA SE TRADUIT-IL ?

Avant même de faire partie de la Patrouille de France, cette exigence fait déjà partie intégrante de la vie des pilotes de chasse : nous sommes confrontés au stress et au risque depuis nos premières heures de vol. Ensuite, pour intégrer notre unité, il faut réussir de nombreuses épreuves et obtenir de multiples qualifications. Enfin, une fois admis au sein de la Patrouille, chacune de nos « sorties » fait l'objet d'un débriefing vidéo systématique : c'est un moment collectif, animé par le leader, pendant lequel nous prenons le temps de faire des arrêts sur image pour chercher la perfection que nous n'atteindrons jamais…

La modulation de l'exigence

Beaucoup de managers ont une vision monolithique de la notion d'exigence : ils se voient trop exigeants ou au contraire, se considèrent comme insuffisamment exigeants.

En réalité, développer le niveau de concentration de son équipe, la mettre sur le bon chemin vers la performance, implique de savoir adopter la bonne posture sur le bon sujet :

– être indulgent sur l'atteinte des objectifs ;

– être intransigeant sur les exigences basiques ;

– être « impliquant » sur les exigences tactiques…

Aussi rencontre-t-on parfois des managers non pas trop ou pas assez exigeants… mais plutôt des managers « décalés ». Certains, par exemple, savent affirmer un haut niveau d'exigence sur les fondamentaux – et c'est un point fort indéniable – … mais gardent la même attitude quand il s'agit d'élaborer les plans d'action. En imposant systématiquement leurs choix tactiques à leur équipe, ils tuent l'initiative, étouffent toute créativité, se plaignant d'ailleurs souvent d'un niveau d'engagement insuffisant… D'autres, au contraire, sont adeptes d'un management qu'ils qualifient de participatif, laissant une grande autonomie à l'équipe sur les choix tactiques… mais aussi de grandes marges de manœuvres dans la définition et l'application des basiques.

Savoir adapter la posture aux différents types d'exigence implique de connaître son point fort (et en miroir, connaître le risque d'utiliser ce même point fort sur un sujet inadapté). Nous y reviendrons dans la dernière partie de ce livre. Mais en tout premier lieu, pour adopter la bonne posture d'exigence, encore faut-il bien distinguer entre les différents types d'exigences. Dans les missions d'accompagnement que nous menons régulièrement, nous le constatons : les managers comprennent l'intérêt de jouer sur la gamme de l'intransigeance à l'indulgence en fonction des exigences… mais beaucoup avouent ne pas voir la frontière entre basique et tactique. Il y a là un sujet particulièrement crucial à traiter pour qui veut renforcer le niveau de concentration et d'implication des équipes de terrain.

La posture de concentration est une des clés de l'implication des collaborateurs. En guidant les équipes sur les fondamentaux, en ouvrant la discussion sur les choix tactiques, elle offre un cadre clair, une sorte de « terrain de jeu », tout à la fois sécurisant (je sais ce que l'on attend de moi et je sais que tant que je joue le jeu, j'ai droit à l'erreur et à l'échec), responsabilisant (appliquer les fondamentaux ne dépend que de moi), et motivant (je vois clairement le chemin vers le progrès et le succès et ce chemin semble accessible). Le plaisir du jeu (satisfaction, fierté, passion de bien faire son métier...) y occupe plus de place que la pression sur l'enjeu (peur d'échouer, stress...).

Si cette concentration dans l'action, centrée sur le présent, favorise donc l'implication à court terme, elle ne répond pas au besoin de sens qui détermine la mobilisation à long terme de l'individu. Là où la concentration indique le « comment », la mobilisation implique de partager le « pourquoi ».

L'essentiel

- **Conscient que seule la concentration dans le jeu** (le souci de bien faire ce qui doit être fait) construit le succès, le manager retravaille jour après jour les fondamentaux du métier avec son équipe, évitant de générer l'inutile pression d'enjeu et la peur de ne pas atteindre l'objectif.
- **Le manager sait que la pression d'enjeu** dégrade le plaisir du jeu.
- **À côté de son intransigeance basique** (exigence de concentration sur les fondamentaux métier), le manager laisse une grande autonomie tactique à son équipe, acceptant de lui déléguer la construction des plans d'action.
- **Ainsi, le manager propose un « contrat managérial »**, dans lequel il se pose comme **« 4 i »** :
  - intransigeant (sur le Basique) ;
  - impliquant (sur le Tactique) ;
  - impulsant (sur le Stratégique) ;
  - indulgent (sur le Résultat).

AUTODIAGNOSTIC

Suis-je un manager « 4 i » ?

- ☐ Je connais parfaitement les secrets du métier des collaborateurs dont je suis responsable.
- ☐ J'aime le travail bien fait.
- ☐ Je passe beaucoup de temps à travailler les plans d'action avec mon équipe.
- ☐ Lors de l'intégration d'un nouveau collaborateur, je consacre beaucoup de soin à m'assurer qu'il maîtrise les fondamentaux de son métier.
- ☐ Lors des briefings individuels, je demande toujours à mes collaborateurs comment ils comptent s'y prendre pour aborder l'enjeu en question.
- ☐ En cas d'échec, je sais distinguer l'erreur de la faute.
- ☐ Je profite des réunions d'équipe pour partager de nouveaux éclairages sur la stratégie de l'entreprise et ses évolutions.
- ☐ Les fondamentaux sont formalisés et connus de tous au sein de l'équipe.
- ☐ Il m'arrive souvent de recadrer mes collaborateurs à cause de fondamentaux non respectés.
- ☐ Mes collaborateurs ont souvent des idées nouvelles à proposer pour améliorer les méthodes, les produits ou les services.

Si vous partagez une majorité de ces affirmations, vous tendez certainement vers ce profil de managers « 4 i » qui, au quotidien, savent distinguer les différents niveaux d'exigence, en étant à la fois :
– intransigeant (sur le Basique) ;
– impliquant (sur le Tactique) ;
– impulsant (sur le Stratégique) ;
– indulgent (sur le Résultat).

Si ces différentes affirmations ne vous parlent pas, sans doute avez-vous tendance à être perçu comme déséquilibré dans vos exigences : trop en pression sur le Résultat peut-être (au risque de générer du stress dans votre équipe), pas assez présent sur le Basique (les fondamentaux métier), ou au contraire trop dirigiste sur l'aspect Tactique ? Vous gagneriez à prendre du temps, avec votre équipe, pour redéfinir le contenu de ces différents niveaux d'exigence. Le niveau d'implication de l'équipe y gagnera certainement et votre faculté à piloter vos collaborateurs aussi !

Chapitre 7

La posture de vision

Executive summary

- **Généralement sommé par sa hiérarchie** de « donner du sens » au travail de ses équipes, le manager peine souvent à répondre à cette attente pourtant forte des équipes.
- **Il est vrai que l'expression « donner du sens »** est un peu présomptueuse : s'il peut en effet « donner » de la vision à ses équipes (sur l'histoire, sur l'avenir, sur l'environnement), il lui faut admettre qu'il ne peut garantir le sens que chacun de ses collaborateurs donnera en réalité à tous ces éléments.
- **L'essentiel de son rôle est en fait de construire,** de faire émerger, d'entretenir, avec son équipe, un sens commun : l'enjeu est moins de « donner » une réponse à la question du sens que de chercher ensemble des réponses.

Le besoin de sens

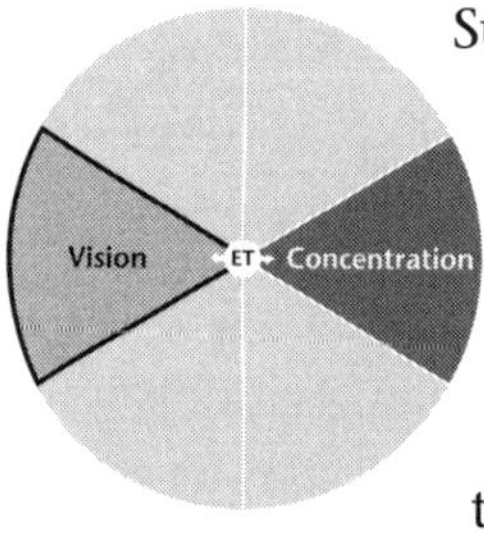

Sujet tarte à la crème des formations management, la notion de sens est devenue une question récurrente dans les entreprises, et au-delà, dans la société en général. À en croire les experts à la mode, la recherche de sens serait même la préoccupation n° 1 de la désormais célèbre génération Y (d'où son nom, qui prononcé à l'américaine, évoque le « *why* », le « pourquoi »).

À l'évidence, l'humanité n'a pas attendu cette génération pour se poser la question du « pourquoi » (à quoi sert-il de... ?) et du « pour-quoi » (vers où va-t-on ?). Trouver du sens, à la fois attribuer une *signification* et comprendre la *direction*, pour reprendre deux des définitions courantes du mot « sens » lui-même, est un des besoins forts de l'être humain. La nouveauté réside non pas dans le fait de se poser la question... mais certainement dans les espaces où chercher les réponses. La religion, la famille, la patrie ont été longtemps des domaines porteurs de sens. Sans pour autant glisser dans une nostalgie un peu facile, force est de reconnaître que l'influence de ces causes s'est affaiblie dans notre pays. Le fait est que, seul dans son questionnement, l'individu s'est tourné vers l'entreprise, avec l'espoir (souvent déçu...) d'y trouver des réponses, non seulement sur le sens de son engagement professionnel, mais même sur celui de son existence.

Comme l'explique brillamment le philosophe André Comte-Sponville, le travail a une valeur (financière) : c'est bien la raison pour laquelle l'entreprise rémunère ses collaborateurs. Mais en tant que tel, le travail n'est pas une valeur (morale). C'est bien pour cela qu'il faut lui donner un sens. La séduisante notion de « valeur travail », pourtant souvent citée dans les débats politiques, présentée comme déclinante, n'aurait donc jamais existé... Tout s'explique : marier travail et valeur serait comme mettre ensemble argent et amour, prix et générosité : le propre des « vraies » valeurs, des valeurs morales, est justement de ne pas avoir de valeur économique. Celui qui donnerait un prix à son cadeau ne serait pas un individu généreux… ce ne serait qu'un commerçant, rappelle Comte-Sponville avec humour et bon sens ! Nul besoin de décliner le propos au sujet de l'amour…

Le travail vaut ce qu'il vaut : le montant du salaire perçu en fin de mois, pas plus. Et on s'en plaint tous : c'est trop peu, évidemment ! Ce salaire répond à nos besoins de survie – en ce sens, il nous est dû. Il s'inscrit dans la logique d'obligation décrite au début de ce livre. Le travail est une nécessité, mais au-delà, n'est en rien porteur de sens. Ce n'est donc pas le travail en lui-même qui mobilise l'individu, c'est le sens qu'il va conférer (… ou pas !) à ce travail.

Trouver du sens à ses efforts quotidiens, c'est se *sentir* « aligné », c'est-à-dire en cohérence avec ses racines (les valeurs que nous ont transmises nos tiers référents depuis notre plus tendre enfance) et ses rêves. Le mot « sens » prend ici tout son… sens : certes, la notion de sens renvoie à des questions existentielles que chacun se pose parfois. Mais en réalité, le premier indicateur de l'alignement ici évoqué nous est fourni par nos cinq sens, par l'ensemble des perceptions que nous ressentons dans le présent. C'est bien parce que je me *sens* fatigué que je finis par me poser les « grandes » questions de sens : suis-je toujours en cohérence avec mes valeurs ? Ai-je toujours le sentiment de progresser vers la vie dont je rêve ?

Un individu qui se sent profondément en accord avec ses racines, qui se sent quotidiennement en route vers le projet qui lui tient à cœur, se découvre des capacités de mobilisation qu'il ne se connaissait pas : « Celui qui donne un pourquoi à son existence, peut surmonter presque tous les comment », affirmait Nietzsche. Il nous est certainement tous arrivé d'être celui-là, d'éprouver ce sentiment de force, d'invincibilité à laquelle peu de problèmes semblent pouvoir résister.

Il nous est aussi arrivé de glisser dans les sentiments de routine, de répétition, de lassitude, ces états dans lesquels, comme à la cantine, rien ne semble plus avoir de goût, dans lesquels le moindre problème finit par occuper tout l'esprit et tout l'espace. Dans ces moments-là, il nous semble impossible de voir à plus d'une semaine. Chaque effort paraît plus difficile que le précédent. On craint l'avenir, on bloque sur le présent. On regrette un passé, évidemment idéalisé (« C'était le bon temps, mon brave Monsieur... »), dans lequel on se réfugie, plein de nostalgie. Toute ressemblance avec un peuple existant ou ayant existé serait purement fortuite...

La crise de sens constitue une spirale infernale, pour un individu, comme pour un pays : elle tue dans l'œuf toute dynamique de progrès, paralyse les tentatives de changement avant même qu'elles ne puissent être initiées, empêche les remises en question, affirmant l'inutilité de l'action face à l'échec déjà annoncé, pour finalement prouver qu'en effet, tout était déjà écrit depuis longtemps !

En quelques lignes, le mécanisme paraît peut-être simpliste... Pourtant, beaucoup d'individus ou beaucoup d'organisations en échec en attribuent la cause à la conjonction d'un ensemble de problèmes (manque de moyens, d'argent, de compétences, contraintes juridiques, concurrence, marché, etc.), sans voir (ou sans s'avouer) que ces problèmes multiples cachent la vraie source de l'échec : l'insuffisance d'un sens suffisamment mobilisant pour dépasser les problèmes et penser en projet. Les problèmes obsèdent ceux qui n'ont plus de projet, détournent leur attention et mobilisent leur énergie.

Quand un individu ou une entreprise se met à beaucoup parler de ses problèmes, c'est généralement qu'il ou elle n'est déjà plus vraiment en projet ! Il est alors plus que temps de se remettre en quête de sens.

Peut-on vraiment donner le sens ?

Le sens, c'est comme le yéti : tout le monde en parle, mais à part Tintin, personne ne l'a jamais vraiment rencontré. Au mieux, on en voit la trace.

Pourquoi cette image un peu grotesque ? Parce qu'il me parait juste de rappeler ici qu'il n'existe pas, pour un travail donné, un sens universel, définitif, qu'il suffirait un jour de formaliser dans une présentation PowerPoint pour mobiliser à coup sûr les équipes.

Pourtant, dans les cours de management, on entend fréquemment revenir l'expression toute faite du manager qui « donne le sens », comme si on avait oublié que l'enjeu vrai n'est pas ce que dit le manager (la décision, le projet, le changement qu'il présente), mais le sens que chacun va y attribuer (en fonction de ses valeurs, de son projet).

Exemple

Le sens, une notion relative

Quand j'offre un cadeau à quelqu'un, ce dont je peux être sûr, c'est ce qu'il y a sous le paquet cadeau. Je peux certainement expliquer pourquoi j'offre ce présent (l'intention que j'ai, ce qu'il représente pour moi, etc.), mais je ne pourrai jamais être certain que la personne qui le recevra lui donnera le même sens. C'est évidemment le sens que ce cadeau revêt pour elle qui compte. Dans une relation durable, ce que j'ai appris de cette personne me permet de choisir de mieux en mieux les cadeaux, pas tant pour ce qu'ils sont objectivement que pour ce qu'ils représentent à son cœur. Comme quoi, c'est l'intention qui compte (et souvent, ça m'arrange !).
En communication, il en va du message comme du cadeau. Les mots que j'utilise, ou la phrase que je prononce, ont un sens pour moi. En construisant ce message, je peux penser donc « donner » du sens. C'est oublier un peu vite que mon interlocuteur ne donnera peut-être pas le même sens à ce message. Le seul moyen de s'assurer que le message est passé est bien évidemment de le demander, de chercher à comprendre ce que mon interlocuteur en a compris. A cette condition, chacun expliquant le sens de son message, il sera possible de construire un sens commun qui, enrichi des points de vue de chacun, sera certainement plus complet, plus dense, que mon seul point de vue initial.

En admettant que le manager n'ait qu'un petit nombre de collaborateurs, qu'il les connaisse en outre suffisamment bien pour savoir ce qui fait sens pour chacun, peut-être pourrait-on imaginer qu'il adapte son discours pour « donner » à chacun du sens… Mais mieux vaut être réaliste en la matière : plutôt que de vouloir donner du sens, le manager aura tout à gagner à le faire émerger d'un échange.

Ainsi, en période de changement il est plus judicieux d'annoncer brièvement et simplement la direction choisie et des décisions prises, sans chercher à convaincre (donc sans vouloir donner LE sens), pour recueillir immédiatement après les réactions de ses collaborateurs – qui seront la meilleure traduction du sens que, pour l'heure, « à chaud », ils confèrent au changement en question. Ce sont ces réactions qui indiqueront ce qu'ils ont compris (ou pas), ce qui les choque (ou les conforte), ce qui les inquiète (ou les motive)… De là pourra naître une discussion, mêlant reconnaissance de leurs résistances, valorisation de leurs envies, apport d'éclairages nouveaux, mise au point de solutions plus pertinentes, etc. dont pourra commencer à émerger un sens commun.

Le sens n'est pas un ensemble prédéterminé, invariant et monobloc. Il est une construction vivante, mouvante, complexe. Il ne se donne pas. Il émerge de l'échange des points de vue. On se souvient d'avoir noté plus haut l'extraordinaire puissance de cette expression « point de vue » pourtant si ordinaire : le point de vue est bien l'endroit d'où je regarde les choses (endroit où m'ont emmené mon parcours, mes expériences, mes rencontres…). De là où je suis, je ne vois forcément qu'une partie de la réalité, qu'une partie du paysage. Mes interlocuteurs, eux, de leur point de vue, aperçoivent certainement des choses que je ne peux pas voir. « Donner du sens » reviendrait à confondre le paysage avec ce que j'en vois.

Produire du sens, c'est justement s'efforcer de recueillir les points de vue de chacun, de chercher en quoi ces différents points de vue se complètent, s'enrichissent, d'imaginer aussi des pistes pour combiner ou dépasser les divergences ou les oppositions.

Partager une vision

Si le bon manager a compris qu'il ne servait à rien de vouloir « donner le sens », il doit en revanche intégrer qu'il a un rôle décisif à jouer pour contribuer à l'émergence du sens : entretenir et nourrir la vision que ses collaborateurs et lui ont du passé, de l'avenir et de tout ce qui se passe autour. À l'évidence, plus la vision de ces différents éléments est riche et partagée, plus l'émergence du sens sera naturelle et aisée.

Le mot « vision » renvoie souvent seulement à la notion d'avenir : la vision se limiterait ainsi à l'élaboration d'un projet d'entreprise. C'est oublier la richesse de la notion de sens. Comme nous l'avons déjà évoqué un peu plus haut, les différentes définitions du mot « sens » attestent de la complexité de la question du sens.

Le sens, c'est certes la direction (aller dans un sens ou dans un autre) : le projet d'entreprise peut indiquer la direction. En cela, il est porteur de sens. Mais le sens, c'est aussi la signification (le sens d'un mot ou d'une phrase, par exemple) : le passé (ce que nous avons vécu) et le présent (ce qui se passe autour de nous) permettent d'attribuer une signification à une action, une décision ou un changement.

Contribuer à faire émerger le sens, c'est donc être attentif à voir l'avenir, mais aussi à partager une vision du passé et de l'environnement.

La vision du passé

Pour comprendre le sens de ce qu'il se passe aujourd'hui, encore faut-il partager une vision commune de l'histoire et des valeurs qui nous ont animés. Beaucoup d'entreprises élaborent des chartes de valeurs, avec pour objectif, notamment, de fédérer les équipes autour de ce qui a construit (et doit continuer à construire) l'histoire commune.

Malheureusement, généralement pensées par le seul CODIR, sans référence précise à l'histoire, ces chartes expriment plus souvent des valeurs rêvées que celles qui ont réellement guidé le groupe. Ces chartes idéalistes restent par ailleurs souvent très « philosophiques » et assez superficielles, contribuant en fin de compte assez peu à la production de sens.

Plus pertinentes sont les démarches visant à raconter et reraconter l'histoire de l'entreprise (notamment les petites histoires, au-delà de la grande Histoire) : le récit des anecdotes « fondatrices » parle ainsi bien mieux que les valeurs abstraites des chartes.

Exemple

L'incarnation des valeurs

Pour illustrer ce point, faisons un détour par le GIGN. Dans cette unité d'élite de la Gendarmerie Nationale, la notion de groupe est prépondérante. Entretenir la culture collective, renforcer le sentiment d'appartenance et la cohésion, est une condition essentielle du management de l'unité – le terme d'« unité » est à cet égard particulièrement évocateur...

Pour faire vivre cette condition, point de grand projet, de chartes et de PowerPoint ronflants... Beaucoup en revanche de partage, informel et oral, avec les « anciens », de ces petites et grandes histoires qui ont forgé les valeurs et la culture du groupe. Rien de tel, pour « ressentir » l'esprit de groupe, que d'entendre les aînés raconter leurs anecdotes, ce qu'ils ont vécu, les coups durs, les moments difficiles, mais aussi bien sûr les succès, les fiertés, les victoires.

Si ces récits font « sens » pour ces gendarmes d'élite, c'est bien parce qu'ils procèdent non pas d'une construction intellectuelle, mais d'expériences vécues, avec tout ce que cela peut comporter d'émotionnel. Le terme « sens », dans l'une de ses définitions, renvoie bien à la notion de perception (les cinq sens les cinq canaux de perception qui nous relient au monde extérieur sont bien ce par quoi nous ressentons notre environnement). Les récits, l'expérience vécue, en ce qu'ils nous permettent de nous mettre à la place de celui qui raconte, de revivre avec lui son expérience, sont évidemment riches de perceptions et infiniment plus « sensitifs » ou « sensationnels » qu'un discours intellectuel et réfléchi.

Bien sûr, il arrive que les mêmes histoires vécues se racontent en entreprise : il y a toujours des « anciens » qui ont à cœur de partager leurs anecdotes avec les plus jeunes, lesquels les écoutent souvent avec beaucoup de plaisir... Mais ces moments interviennent plutôt

• • •

●●● en marge de la vie de l'entreprise, une fois la longue journée de séminaire terminée, après les interminables discours censés justement donner le sens ! La soirée, finie un peu tard autour d'un verre (avec modération sans quoi les anciens racontent toujours les mêmes histoires...), aura certainement plus fait pour le partage de sens que les quarante pages de PowerPoint sur les Valeurs et la Culture...

La vision de l'environnement

De même qu'on sous-estime l'importance de partager l'histoire, on oublie fréquemment, dans les organisations, l'importance de la vision périphérique : que se passe-t-il chez nos clients ? Comment évolue la technique dans notre métier ? Sur quoi travaillent nos concurrents ? Que penser de la décision prise par le législateur sur tel ou tel aspect et en quoi pourrions-nous être impactés par la future loi en discussion ? Comment comprendre tel ou tel article de presse paru au sujet de l'avenir de notre marché ? Etc. Chaque jour, ou presque, peut apporter son lot de questions ou de sujets permettant au manager de coproduire du sens, en échangeant avec son équipe. Chacune de ces discussions nourrit le niveau de compréhension qu'a l'équipe du monde extérieur, enrichissant par là même les points de vue, éclairant de fait un peu mieux aussi les choix, les projets, les décisions à prendre pour l'avenir.

Certes, les entreprises (notamment les grands groupes), à ce sujet, ont largement investi dans la communication interne : les intranets, les newsletters, par exemple, ont permis de diffuser largement d'abondantes informations, tant sur l'entreprise elle-même que sur son environnement. Mais l'impact en termes de sens reste faible : ce qui produit du sens, ce n'est pas tant de disposer de l'information, que d'avoir la possibilité d'en discuter. C'est de ces échanges que se construit le sens. Il appartient au manager de les susciter. Une bonne pratique peut être, par exemple à l'occasion d'une réunion d'équipe, de présenter une information publiée sur l'intranet, puis de chercher à savoir ce que chacun en a compris, ce que chacun en retire, ou encore les questions qu'il se pose sur le sujet.

La vision de l'avenir

Si l'importance de proposer aux équipes une vision de l'avenir fait généralement l'unanimité, les modalités de son expression et du partage de cette vision sont en revanche moins évidents.

Sans prétendre ici donner une méthode universelle, j'aimerais partager quelques principes essentiels à ce propos.

■ Ne pas confondre vision et prévision

Certes, les deux mots forment une rime riche... Mais en les confondant, les managers en viennent parfois à construire non pas un projet – qui par définition, décrit ce que l'on *veut* créer (et qui donc, à ce jour n'existe pas) – mais un budget – qui dit, lui, ce qu'on *peut* faire (avec les moyens que l'on a).

Autant le projet, parce qu'il appartient au domaine du rêve, de l'envie, de l'idéal, est porteur d'espoir et facteur de mobilisation, autant le budget, ancré dans le réel, limité par les ressources aujourd'hui disponibles, est synonyme d'effort et d'abnégation...

Lorsque la conjoncture est tendue et imprévisible, le réflexe de la prévision est d'autant plus grand : l'entreprise s'efforce plus que jamais de *prévoir* l'avenir... en oubliant de le *vouloir*. Les directions, inquiètes, revendiquent d'ailleurs de raccourcir leur distance de vue : « On ne va pas se donner de grand projet à trois ans puisque les experts ne sont déjà pas capables de prévoir ce qu'il va se passer à trois mois ! », entend-on souvent dire dans les réunions de CODIR. Bien qu'empreinte d'un apparent bon sens, la réflexion procède en fait de cette confusion entre vision et prévision.

Les deux notions, bien sûr, ne s'excluent pas. Il ne s'agit ni de nier le réel ni de brûler les budgets ! Il s'agit d'ajouter à la mécanique budgétaire (généralement centrée sur l'exercice à venir), une logique projet (à trois ou cinq ans).

« Moins on sait ce que l'on va être, plus il faut savoir ce que l'on veut être », aurait dit Churchill. Le vieux lion avait certainement raison : c'est justement dans les périodes difficiles que les individus ont besoin d'un rêve, d'un espoir, d'une envie, d'un projet qui redonne sens aux efforts du présent (la signification et la direction).

« Ceux qui rêvent le monde, changent le monde. Ceux qui ne rêvent plus, sont changés par le monde », aimait affirmer Christian Lemoine[1].

■ Penser réalisation de soi et non conquête du monde

Dans le délicat exercice de partage d'une vision de l'avenir, beaucoup des dirigeants d'entreprise que j'ai pu rencontrer se rejoignent pour attester de la difficulté de mobiliser leurs collaborateurs autour d'un projet commun. La fameuse génération Y, paradoxalement en attente de sens, resterait très distante dans les démarches projet engagées.

Le fait est qu'un grand nombre de projets d'entreprise sont calqués sur une même notion : « devenir demain plus gros, plus fort, plus puissant… ». Bref, conquérir le monde (en tout cas le marché !). Souvent résumés dans des objectifs de conquête (N° 1 européen, Gagner X % de parts de marché, atteindre X millions d'euros de CA…), ces projets n'ont effectivement pas l'effet de mobilisation attendu.

Si certains collaborateurs ont pu s'engager dans ce type de projet (très en vogue dans les années 1980, remember Bernard Tapie et sa kitchissime émission de télévision baptisée « Ambitions »), une majorité des salariés actuels reste insensible à ces désirs de conquête.

Plus mobilisateurs sont les projets « réalisation de soi », dans lesquels l'enjeu n'est pas tant la conquête du monde externe, que l'affirmation d'une singularité, d'une cohérence interne, d'un désir de réussir à être toujours plus ce que l'on est.

1 Christian Lemoine était fondateur et président du CRECI, inventeur également du Management motivationnel.

En ce sens, la vision correspond moins à une description très précise du point d'arrivée qu'à une définition du chemin à suivre. Ce qui mobilise les équipes, c'est moins la promesse des conquêtes à venir que l'envie de vivre une aventure, ici et maintenant, dans laquelle chacun puisse se réaliser pleinement.

Cette vision-là de la vision (!) est doublement intéressante :

– d'abord parce qu'elle évite, dans un monde qui bouge en permanence, les exercices de vision à dix ans, « boule de cristal », accouchant de projets très rapidement obsolètes ou illusoires ;

– ensuite parce qu'elle ouvre un espace d'implication à court terme : si la conquête peut paraître lointaine (et créer plus d'intention que d'action), l'aventure, elle, commence tout de suite.

« Puisque promettre la destination n'a pas vraiment de sens, alors profitons du voyage ! »

Que sait-on bien faire ? Quelles sont nos forces ? Qu'est-ce que les clients disent de nous ? Qu'est-ce qu'on aime faire ? Qu'a-t-on envie de vivre au quotidien ? À quoi voudrait-on ressembler demain ? Qu'aimerait-on que les clients disent de nous ? Dans quelle ambiance rêverait-on de travailler demain ? Quel produit serait-on fier d'avoir mis sur le marché ? Comment mieux faire notre métier ?... Autant de questions plus qualitatives que quantitatives. Autant de questions sur lesquelles les équipes peuvent réfléchir et contribuer.

■ Demander aux équipes de contribuer (et non de décliner)

Souvent construit lors d'un séminaire CODIR « au vert », le projet d'entreprise fait ensuite l'objet d'une communication à l'ensemble des équipes. Il arrive même que l'organisation de cette communication soit confiée au service Communication interne... Les équipes sont alors priées « d'adhérer » au projet présenté par la Direction. La colle prend rarement... Les seules à adhérer sont généralement les affiches du projet, collées sur les murs des bureaux, des couloirs et des ateliers, et qui deviendront dans quelques mois, les derniers vestiges d'intentions vite oubliées !

C'est la raison pour laquelle d'autres entreprises choisissent de confier aux managers intermédiaires le soin de créer « l'implication » des équipes dans le projet. Il leur est alors demandé de décliner le projet, dans leur service ou leur unité. Mais l'enthousiasme reste généralement limité, les équipes ayant le sentiment que le projet, très descendant, se traduit *in fine*, par de nouveaux efforts, de plus fortes exigences, bref plus de travail… sans pour autant, que tout cela apporte plus de sens.

L'enjeu, dans une démarche de partage de vision, est d'obtenir l'appropriation du projet par les équipes. Le sujet, une fois encore, n'est pas de leur *donner* un projet… L'objectif est de susciter l'envie de *se mettre* en projet. Ce qui implique que les équipes puissent, avec leur manager, réfléchir à l'avenir qu'elles souhaiteraient faire advenir. Contrairement à ce que pourraient craindre certains dirigeants, cette ouverture n'amène pas les équipes à dresser une liste de revendications plus ou moins farfelues. Au contraire, les expériences menées en ce sens montrent qu'une large majorité de collaborateurs apporte une contribution responsable et très souvent pertinente.

D'abord, même s'il ouvre le débat largement avec son équipe, le manager est le garant du respect de quelques contraintes qui naturellement font partie intégrante du projet. L'équipe rêverait d'une organisation différente du temps de travail : pourquoi pas… mais à la condition de réussir à satisfaire les attentes des clients en terme d'amplitude horaire. Dans ce type de contradiction est tout l'intérêt de la réflexion à mener avec l'équipe : quelle solution pourrait-on inventer pour gagner à la fois en qualité de service et en confort de vie ?

Ensuite, en posant bien comme principe de base qu'il s'agit du projet de l'équipe, le manager rappelle que le projet n'est pas une demande, mais bien l'expression de ce qu'elle (et elle seule) a envie de réussir à construire. À elle de trouver les moyens de réaliser ce dont elle rêve.

À ces conditions, le partage d'une vision participe grandement à l'émergence d'un sens commun, capable de donner signification et direction aux efforts, actions, changements à mettre en œuvre. La co-construction d'un projet collectif contribue bien évidemment aussi à renforcer les liens entre les collaborateurs (l'axe Considération s'en trouvant consolidé). Enfin, elle nourrit un sentiment de responsabilité, contribuant à réaffirmer que chacun peut être acteur de son destin.

« Demain ne sera pas comme hier. Il sera nouveau et dépendra de nous. Il est moins à inventer qu'à découvrir », disait Gaston Berger[1]. À force d'entendre les prévisions des experts en tout genre, beaucoup d'entre nous oublions cette évidence. Se remettre en projet est une façon de s'en souvenir !

Combattre la routine

Si la force d'entraînement que peut procurer le sentiment d'être en projet est incontestable, le frottement qu'engendre la routine est un paramètre à prendre en compte. En effet, une fois terminé le temps de construction sur le projet, le retour dans le réel risque d'épuiser rapidement l'énergie créée par le rêve. En dépit des belles ambitions partagées ensemble, le quotidien ramène bien souvent à un travail répétitif : enchaîner les rendez-vous commerciaux pour l'équipe de vente, faire tourner les lignes de production dans les ateliers, ou encore préparer les factures...

C'est la raison pour laquelle, les managers doivent imprimer du rythme dans l'année, en créant des séquences de temps, marquées par des réunions de bilan (de la séquence écoulée) et de lancement (de la séquence à venir). Comme dans tout projet, il convient de poser des jalons, pour lever le nez du guidon, regarder le chemin parcouru et se mobiliser sur le chemin restant à parcourir.

1 Gaston Berger, philosophe et haut fonctionnaire français (1896-1960), s'est illustré par ses travaux sur Husserl, sur la caractérologie et la prospective.

Bien sûr, il peut y avoir, dans ces réunions, une partie très opérationnelle, liée à l'activité quotidienne ou à l'actualité de l'entreprise (informations générales, etc.). Mais ces réunions doivent surtout offrir à l'équipe l'occasion de prendre du recul et de se rappeler le sens : avons-nous progressé par rapport aux ambitions fixées dans le projet ? En quoi ce qu'il s'est passé dans les semaines précédentes fait sens par rapport à ce projet ? Que nous reste-t-il encore à faire ?...

Ces réunions, et les échanges qui s'y tiennent, sont également une précieuse opportunité pour capter les ressentis de l'équipe. Les perceptions qu'ont les collaborateurs de leur présent (de ce qu'ils vivent ici et maintenant) sont un excellent indicateur de leur niveau de mobilisation sur le projet (n'oublions pas que le mot « sens » désigne aussi notre capacité à ressentir les choses : les cinq sens). Des perceptions négatives (fatigue, découragement, pessimisme, etc.) révèlent qu'il existe un risque de démobilisation : soit le projet n'est plus aussi attractif qu'il l'a été, soit le niveau de confiance des collaborateurs dans leur capacité à le réussir a baissé. Au manager ensuite de creuser ces ressentis, en collectif ou en individuel, pour en comprendre l'origine et tenter d'y apporter des solutions. Il arrive que le simple fait d'aller au-devant de ces ressentis, de les reconnaître et de les accepter, suffit à aider l'individu à remettre en perspective un présent vécu comme difficile : lui faire redire le chemin parcouru depuis ces derniers mois, se rappeler ensemble les progrès réalisés et les résultats obtenus, partager à nouveau autour de l'avenir souhaité permet de retrouver le sens de ce que l'on vit.

Enfin, ces réunions sont l'opportunité d'impliquer l'équipe dans la recherche d'actions innovantes. Sans viser ni attendre de « grandes » idées (quoiqu'on sache bien que celles-ci naissent souvent comme ça !), se réunir permet de susciter et recueillir des propositions d'amélioration – dont on confiera ensuite la conception avancée et la mise en œuvre à un ou plusieurs membres de l'équipe. Oser, essayer, tenter, explorer contribuent évidemment à casser l'épuisant sentiment de routine et à mettre un peu de jeu, de créativité, de partage dans le quotidien de l'équipe.

Plus les enjeux sont élevés, plus le rythme de ces réunions de bilan/lancement doit être rapproché : les séquences courtes, envisagées les unes après les autres, favorisent un haut niveau de mobilisation de l'équipe (sur des objectifs proches, qui paraissent de ce fait plus atteignables qu'un objectif annuel par exemple). Par ailleurs, elles obligent le manager à multiplier d'autant les temps de valorisation : la fin de chaque séquence est l'occasion de poser un bilan encourageant les efforts faits, les progrès réalisés ou les résultats obtenus, de façon à engranger de la confiance et à redonner de l'énergie aux équipes. Enfin, cette fréquence rapprochée dans le rythme atténue le poids des échecs : le manager « tourne les pages » rapidement, et peut ainsi corriger, compléter les exigences pour retrouver la dynamique de progrès attendue.

L'essentiel

- **Pour rester mobilisé dans la durée,** tout individu a besoin de trouver le sens de son engagement : sa signification (« pourquoi ? », pour quelle raison ?) et la direction (« pour-quoi ? », pour aller vers quoi ?).
- **Sur cet aspect, le rôle du manager** ne peut se résumer à « donner le sens », car au-delà de tout ce qu'il pourra affirmer, seul comptera finalement le sens que chaque collaborateur donnera aux événements.
- **L'enjeu, pour le manager,** est avant tout de nourrir son équipe d'éléments de vision, sur le passé, l'environnement, le futur… permettant de construire et de partager un sens commun, qui pourra s'exprimer dans une aventure collective à vivre, ici et maintenant.
- **Tout au long de l'année, le manager veille** à combattre la routine du quotidien en créant des rythmes, autour de séquences de temps courtes, permettant à l'équipe de lever le nez du guidon et de prendre du recul.

AUTODIAGNOSTIC

Suis-je un manager « mobilisateur » ?

- ☐ Je m'intéresse beaucoup à ce qui se passe sur les marchés de l'entreprise et chez ses concurrents.
- ☐ J'entends souvent mes collaborateurs dire qu'ils sont fiers de l'entreprise pour laquelle nous travaillons.
- ☐ Quand on évoque l'avenir en réunion ou dans les moments informels, c'est davantage en termes positifs (confiance, envie, projets…) qu'en termes négatifs (peur, inquiétudes…).
- ☐ Je connais la plupart des projets personnels de mes collaborateurs (d'ailleurs, la plupart en ont).
- ☐ Les discours sur le « bon vieux temps » ou les rengaines sur « tout va mal en ce moment » sont plutôt rares dans l'équipe.
- ☐ L'équipe est assez créative : elle a souvent des idées d'amélioration, voire d'innovation, à proposer.
- ☐ Régulièrement, je prends le temps de détailler, avec l'équipe, le chemin parcouru : les progrès réalisés, les résultats obtenus, les acquis…
- ☐ Je trouve sain que mes collaborateurs me fassent part de leurs ambitions.
- ☐ Les gens de l'équipe sont généralement plutôt ouverts au changement.
- ☐ Chaque année, je réunis l'équipe pour réfléchir aux évolutions à apporter sur nos façons de fonctionner, sur l'organisation, sur les améliorations à apporter, etc.

Si vous partagez une majorité de ces affirmations, vous êtes sans doute, aux yeux de votre équipe, un manager « mobilisateur ». De diverses manières, vous contribuez à satisfaire le besoin de sens, en nourrissant la vision que chacun peut avoir de l'environnement et de l'avenir. Vos collaborateurs et vous-mêmes êtes naturellement portés vers la projection, vers l'ambition, le changement et la créativité.

Si, à l'inverse, vous avez tendance à répondre « non » à ces affirmations, vous êtes probablement un manager moins orienté vers le futur. Moins à l'aise avec l'incertitude, vous préférez le présent et privilégiez l'implication court terme, le concret et la réalité, plutôt que les rêves, les belles idées et les projets. Pour éviter que l'équipe ne s'essouffle, prenez tout de même soin de valoriser ses efforts (réunions de bilan). Essayez de donner la possibilité à vos collaborateurs créatifs d'initier (ou de participer à) des projets qui les valoriseront et leur permettront de sortir du quotidien.

Chapitre 8

La posture de valorisation

Executive summary

- **La notion de confiance**, invoquée dans de nombreuses situations, reste encore bien floue pour les managers. Pourtant, elle est un élément déterminant dans la motivation, la progression, le succès de tout individu.
- **Il est vrai qu'en la matière, la culture managériale** reste encore très centrée sur l'importance du regard critique. Faire prendre conscience aux collaborateurs de leurs erreurs, de leurs manques, débriefer leurs échecs, travailler sur les problèmes sont des réflexes répandus mais générateurs de doute bien plus que de confiance.
- **Valoriser les efforts « à chaud »** pour pouvoir exiger « à froid » constitue l'un des principes les plus efficaces pour mettre ses collaborateurs en spirale de confiance et de succès.

La confiance en soi, carburant vital

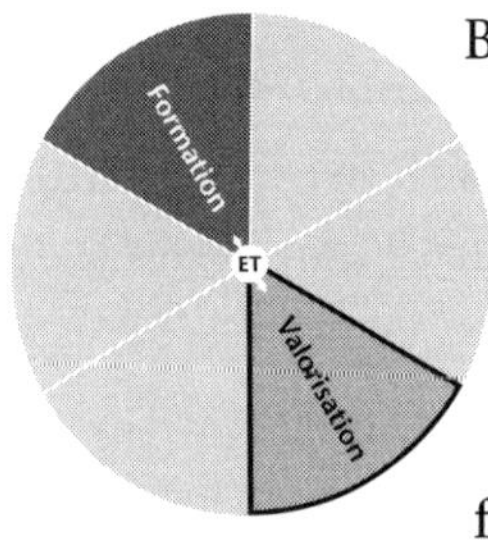

Bien que la notion de confiance en soi revienne fréquemment dans les propos des managers, des entraîneurs sportifs, des professeurs ou des parents, elle reste un phénomène insuffisamment connu du plus grand nombre. Et pourtant, la confiance en soi est au cœur du fonctionnement de l'individu.

Le mécanisme du bilan Doute/Confiance

Le « bilan » Doute/Confiance est à l'individu ce que le bilan comptable est à l'entreprise : le reflet, à l'instant T, de son état – non pas financier bien sûr – mais psychologique.

À l'actif de ce bilan, la confiance en soi, constituée du sentiment qu'a acquis l'individu d'être capable de réussir ce qu'il entreprend. Au passif, le doute sur soi, par lequel l'individu, au contraire, considère qu'il ne pourra pas réussir : même en faisant beaucoup d'efforts, ses points faibles, ses défauts, ses manques, ses limites empêcheraient le succès...

Comme en comptabilité, le bilan évolue en permanence : les petits et grands événements de sa vie professionnelle, ou de sa vie personnelle, enrichissent le « capital » confiance de l'individu (diminuant d'autant le doute), ou au contraire ajoutent au doute (dégradant du même coup la confiance). Les succès (surtout s'ils sont applaudis, besoin de considération oblige !), les progrès, les félicitations, tout simplement aussi le regard ou l'écoute accordés par autrui, et en premier lieu par les gens importants aux yeux de l'individu, renforcent la confiance en soi. À l'inverse, les échecs, les erreurs, les difficultés, les reproches, les critiques, de façon générale les messages perçus par l'individu comme négatifs tendent à ancrer un doute croissant.

Bien évidemment, chez un même individu, l'équilibre entre confiance et doute peut différer d'une activité à l'autre : dans certains domaines, il peut avoir acquis une confiance en lui très supérieure au doute, dans d'autres au contraire, manquer de confiance en lui et éprouver un haut niveau de doute. La consolidation des bilans de ces différentes filiales (comptabilité quand tu nous tiens...) constitue une sorte de bilan Doute/Confiance global, reflétant l'état général de l'individu à l'instant T.

J'aurais l'occasion d'aborder le sujet dans la dernière partie du livre, mais d'ores et déjà, on peut souligner l'un des premiers bénéfices de la stratégie consistant à concentrer les individus sur leurs points forts plutôt qu'à s'obstiner, comme on le constate souvent, à leur faire travailler leurs points faibles : plus l'individu passe de temps dans les domaines de forte confiance en soi (et qui, assez facilement, lui permettent d'en gagner toujours plus), plus son bilan Doute/Confiance « consolidé » se développe positivement. À l'inverse, en multipliant les efforts sur ses points faibles (dans lesquels par définition, il doute de lui) avec, à la clé, des progrès décevants, parfois des échecs, il risque de perdre rapidement le « capital » confiance qu'il avait jusqu'ici accumulé.

Or l'enjeu, derrière ce bilan Doute/Confiance est immense.

Schématiquement, tant que Confiance > Doute, l'individu se trouve dans un état qu'on pourrait qualifier d'état de « motivation » : se sachant capable de réussir (et d'exister de ce fait un peu dans le regard des autres), il a envie de s'engager. Le différentiel entre Confiance et Doute représente le niveau d'énergie vitale disponible de l'individu.

Au contraire, lorsque Doute > Confiance, l'individu, persuadé qu'il ne pourra être à la hauteur, bascule dans un état de stress, voire d'angoisse. Non seulement il n'y a pas d'énergie disponible, mais pire, il manque d'énergie pour assurer ses obligations minimales : il se sent fatigué, découragé, incapable de prendre du recul...

Chacun d'entre nous a certainement pu ressentir ces différents états psychologiques, et constater combien ils pouvaient influencer bien sûr notre état d'esprit, mais au-delà, notre rapport aux autres, notre rapport aux événements, notre regard, notre comportement et notre santé : notre niveau de forme, la qualité de notre sommeil, notre faim et nos choix alimentaires, nos maladies en disent long sur l'état de confiance (ou de doute) dans lequel nous nous trouvons.

Avis d'expert

LUDOVIC SIMON, ancien membre du Groupe de Protection de la Gendarmerie, responsable de la cellule Renseignement et évaluation des risques

LA CONFIANCE EST-ELLE UN ÉLÉMENT CLÉ DANS L'EFFICACITÉ DES UNITÉS D'ÉLITE ?

Il est évident que c'est un facteur important. Mais ce n'est pas un don : la confiance se travaille. L'entraînement individuel est une première clé, car celui ou celle qui est amené à dépasser ce qu'il croyait être une de ses limites, gagne en confiance. Dans un principe de vases communicants, plus la confiance en soi augmente, plus le niveau de doute diminue. Le travail du collectif en est une autre, dont l'objectif sera de gommer tout doute, en amenant les individus à savoir qu'ils peuvent compter les uns sur les autres, qu'ils peuvent avoir toute confiance en chacun d'entre eux.

VOUS DITES QUE LA CONFIANCE SE TRAVAILLE, MAIS, À LA BASE, LES MEMBRES DE CES UNITÉS SEMBLENT TRÈS SÛRS D'EUX ?

Au risque de briser le mythe, sachez que les membres des unités d'élite (GIGN, RAID, PI2G…) ne sont pas des surhommes : comme tout le monde, ils connaissent le doute, la peur, la faim, la fatigue… et tant mieux, car un homme qui ne connaît pas la peur… est dangereux.
Il arrive qu'un événement de la vie puisse entamer le niveau de confiance en soi. Il s'agit alors d'une double responsabilité : celle de l'individu en question qui doit savoir en parler et se retirer pour ne pas mettre en danger les autres, et celle du collectif qui doit « s'occuper » de l'individu en question, l'entourer et le faire revenir à son meilleur niveau.

Les 4 états de l'individu

Au cours de notre existence, nous sommes tous susceptibles de traverser, l'espace de quelques jours, quelques semaines, pour plusieurs mois ou plusieurs années, chacun des quatre états suivants.

■ 1. L'état proactif

Ce qui caractérise cet état, c'est un niveau de confiance en soi très élevé et un très faible niveau de doute. L'individu proactif dispose de larges réserves d'énergie. Il « déborde » d'énergie, comme dit l'expression.

Animé de nombreux projets (avoir confiance en soi permet de se projeter, de rêver, d'oser...), il aime changer, prendre des risques, tenter... sans pour autant faire n'importe quoi : la confiance en soi le rend lucide, posé, réfléchi. Perdant peu de temps à se demander ce que les autres pensent de lui (c'est l'un des avantages d'avoir confiance en soi !), il fait ce qu'il croit bon de faire, dit ce qu'il croit bon de dire, s'engage totalement là où il croit bon d'aller. Il est curieux de tout, passe beaucoup de temps à observer son environnement, à écouter les autres, à s'intéresser à tout ce qu'il voit : il se dit souvent chanceux – là où il faut sans doute voir plutôt la conséquence de son attention au monde qui l'entoure et à sa capacité donc à repérer et saisir les opportunités que d'autres ne voient pas.

Le changement est pour lui *a priori* une bonne nouvelle : il le perçoit comme une source de progrès, de dynamique, de découverte. Là où certains résistent (poussés par le doute), lui s'investit dans les évolutions auxquelles il croit.

Affirmé et engagé dans tout ce qu'il fait (d'autant qu'il sait aussi refuser de s'engager dans ce qui lui paraît moins important), il est souvent récompensé par le succès – ce qui ne manque pas de lui valoir encouragements, valorisation, promotion, consolidant s'il est besoin, son « capital » confiance.

De plus en plus confiant en lui, il voit même dans les problèmes, les critiques, les reproches l'opportunité de s'améliorer – là où d'autres en retirent toujours plus de doute !

Peu sensible au regard des autres, il trace son chemin, semblant moins perturbé que ses congénères par les événements externes, comme si le noyau d'énergie interne semblaient lui conférer une grande résistance aux pressions et aux agressions externes.

Bien entendu, au-delà de son niveau d'énergie, il reste ce qu'il est, avec ses valeurs, sa personnalité, ses convictions : il n'est donc pas un « béni-oui-oui », toujours d'accord, toujours partant... Bien au contraire, en cas de divergence de fond, il s'avère particulièrement solide sur ses positions : il exprime clairement (mais sans agressivité) son point de vue, accepte jusqu'au bout d'écouter ceux qui ont un avis différent, sachant d'ailleurs reconnaître la validité de certains des arguments entendus... Et s'il estime que le désaccord empêche de continuer à collaborer, il sait aller au bout de ses convictions et pousser jusqu'à la rupture. La force de l'individu en confiance réside dans cette cohérence interne, qui le rend congruent et serein dans son rapport aux autres.

■ 2. L'état réactif

Disposant d'une moindre quantité d'énergie disponible (différentiel Confiance/Doute encore positif, mais plus faiblement que dans l'état proactif), l'individu réactif est dans un rapport plus méfiant à son environnement.

Il préfère la stabilité, le confort, la routine, les habitudes, qui le rassurent, aux situations de changement, aux projets ambitieux, aux imprévus ou aux enjeux, qui renforcent son niveau de doute. Résistance au changement, négociation des objectifs à la baisse, revendication de moyens supplémentaires, surestimation des risques ou des problèmes sont ses modes de défense les plus classiques.

Lorsque malgré tout, il est contraint de s'engager dans ces situations qui le stressent, il est facilement et fréquemment sujet à des périodes de fatigue – qui indiquent qu'il a dépensé plus d'énergie qu'il n'en avait en réserve, il lui arrive de se décourager, de se plaindre, de résister, avant un nouveau regain de forme. Dans ces périodes de méforme, il a souvent besoin d'être soutenu, encouragé, rassuré : la capacité de valorisation de son manager compte beaucoup dans ces moments-là – le risque étant bien sûr, que dans ces moments où « rien ne va », le manager peut être à l'inverse tenté par d'autres réactions managériales que la valorisation. Avec l'individu réactif, dans une période délicate, la polémique ou la minimisation des difficultés rencontrées, ou l'absence d'écoute peuvent conduire à dégrader davantage le bilan Doute/Confiance.

Sensible à la critique, aux reproches, l'individu réactif a souvent tendance à se justifier : reconnaître ses erreurs ou ses échecs lui est difficile, tout comme se remettre en question. Il lui faut généralement du temps et de l'aide pour y parvenir.

Contrairement au proactif qui avance dans son projet – sans se laisser distraire ni perturber par son environnement, le réactif se positionne essentiellement en réaction à l'environnement : les événements positifs ou négatifs – ce qu'il en perçoit plus exactement – influencent son état (et absorbent le peu d'énergie qu'il a parfois).

■ 3. L'état négatif

Le doute, dans cet état, est plus important que la confiance : l'individu craint de ne pas être à la hauteur et redoute, en outre, que les autres ne s'en rendent compte. Il en résulte un ensemble de comportements d'anticipation (des échecs qu'il pressent), de défense (face aux reproches, aux critiques...), de résistance (face aux changements, aux remises en cause, aux exigences...).

Guidé par le stress, il oscille entre l'envie de fuir – ce qu'il ne parvient pas à faire vraiment, la fuite exigeant une confiance en soi qu'il n'a plus, et le réflexe d'agression – pouvant aller de la simple irritabilité à des réactions violentes, verbales et physiques, tant contre les autres qu'envers lui-même.

Au lieu d'agir pour essayer de changer les choses et de progresser, le négatif passe un temps considérable à se battre contre son environnement. À l'écouter, « rien ne va » : d'après lui, les contraintes, les problèmes et les difficultés sont telles qu'il n'est même plus possible d'agir. Rejetant volontiers la responsabilité sur les autres, se positionnant comme une innocente victime d'un monde pervers et cruel, l'individu en situation négative finit par s'enfermer dans la spirale d'échec qu'il dénonce : cessant d'agir là où il aurait pu le faire, incapable de se remettre en question, il perd peu à peu toute influence sur son environnement, finissant par démontrer dans les faits ce qu'il disait combattre (l'absence de possibilité de changer les choses) et par organiser méthodiquement son propre échec.

Naturellement, il entretient des rapports tendus et difficiles avec les autres – certains le lui rendent bien d'ailleurs (ce qui, au passage, lui permet de prouver, une fois de plus, qu'il est bien victime des autres !).

La difficulté évidente, avec l'individu traversant cet état négatif, est de réussir à trouver les sujets sur lesquels pouvoir construire ou reconstruire avec lui une relation positive, c'est-à-dire une relation dans laquelle il pourra retrouver aux yeux des autres (au moins de son manager) une image positive, c'est-à-dire exister « pour » quelque chose et non seulement « contre ». Identifier ces sujets (point fort professionnel, passion personnelle, talent caché...) permet de valoriser l'individu en question (s'intéresser à lui, l'écouter, l'encourager, etc.), avec l'espoir de finir par lui redonner la confiance suffisante pour sortir de la spirale négative.

À défaut, cette spirale négative risque de l'entraîner vers le dernier des quatre états : l'état dépressif. Accablé par les problèmes et les échecs, sans énergie ni confiance pour reprendre la main, il se met en tête qu'il est bien, en fait, le grand responsable de tout ce qui lui arrive.

▪ 4. L'état dépressif

Le doute, dans cet état, domine très largement. Contrairement aux mécanismes rapidement décrits dans l'état négatif, l'individu n'est plus en guerre contre son environnement. Il ne considère pas que les autres sont la cause unique de ses problèmes : il a en tête qu'il est condamné à échouer, parce qu'il n'a jamais eu de chance, de talent, de don, de compétence... Il le démontre d'ailleurs : « Rien de ce que je fais ne fonctionne », explique-t-il en prenant pour preuve chaque événement, si minime soit-il.

Incapable d'agir, ni même de se battre, encore moins de fuir, il n'a plus aucune énergie. L'épuisement, la maladie, la dépression pathologique (lorsqu'il s'installe durablement dans cet état n° 4) lui permettent finalement d'échapper à la pression de son environnement, comme une sorte de fuite forcée et inconsciente.

Fort heureusement, au-delà des cas de personnes prisonnières de cet état, il peut arriver à n'importe qui de traverser cet état dépressif sans pour autant y sombrer définitivement. Le rôle de l'entourage, dans ces moments-là, s'avère évidemment crucial : l'aide des proches, leur regard, leur écoute, leur bienveillance et leur exigence aussi, leur capacité à reconnecter la personne à ses points forts lui permet de reprendre confiance en elle et de rétablir un bilan Doute/Confiance plus positif.

Il est bien entendu que ces quatre descriptions, succinctes et donc forcément caricaturales, ne sont pas des cases, des catégories dans lesquelles on pourrait « ranger » les gens, ni des typologies de personnalités.

Bien au contraire, connaître et distinguer ces quatre états permet justement d'éviter les jugements hâtifs trop souvent posés par les managers sur certains de leurs collaborateurs. Parce qu'untel aurait manifesté des signes de résistance au changement annoncé le matin même, il hériterait rapidement de l'image du personnage « naturellement » (et donc systématiquement) opposé à toute nouveauté. Un autre ayant engagé une discussion acharnée autour des valeurs (que ce changement, d'après lui, viendrait trahir), serait vite taxé d'opposant culturel. En réalité, les réactions des individus à un changement – de façon générale aux événements externes – sont d'abord révélatrices du niveau d'énergie disponible de ces mêmes individus : leurs valeurs personnelles, leur personnalité, leur caractère ne se résument pas à ces attitudes.

C'est un point important car nous savons souvent que l'erreur de jugement (et les *a priori* qui en découlent) risque fortement d'induire, consciemment ou inconsciemment, des actes par lesquels le manager s'emploiera ensuite à vérifier ces *a priori*. Cet effet d'induction (appelé également effet Pygmalion) est d'une puissance considérable : il amène l'individu à devenir, dans la réalité, ce que le manager a cru qu'il était. Regardez un collaborateur comme un opposant… et il le deviendra. Il le deviendra parce que son manager, en conscience ou sans même s'en rendre compte, aura un comportement favorisant l'opposition : sa façon de parler, son attitude, ses questions seront, qu'il le veuille ou non, teintées de l'*a priori* d'opposition… et les réponses, les réactions, les postures du collaborateur auront donc la même tonalité. Quand bien même le collaborateur veillerait à manifester une envie de dialogue, le manager minimiserait ces signes pour grossir tous ceux qui attesteraient son *a priori*.

La grille de lecture Doute/Confiance est un des outils pouvant permettre de prendre un peu de distance par rapport aux réactions de ses collaborateurs, d'éviter les *a priori* inductifs et donc les mauvaises réponses. Ainsi, plutôt que d'engager une polémique pour tenter de convaincre untel du caractère indispensable du changement annoncé le matin même (au risque de renforcer son engagement dans une spirale négative), le manager pourra plus efficacement ouvrir une discussion avec son collaborateur : « J'ai bien entendu tes réticences au sujet du changement annoncé. J'aimerais prendre le temps de t'écouter à ce propos : quelles sont tes craintes exactement ? Que perçois-tu de négatif dans cette évolution ? » Le fait d'aller à sa rencontre, l'ouverture que démontre le manager, la reconnaissance qu'il veut témoigner constituent une première étape clé, d'abord pour évaluer plus précisément le niveau d'énergie disponible de ce collaborateur (réactif ? négatif ?), ensuite pour identifier réellement ce qui l'inquiète (points de difficulté réels, contraintes objectives ou résistance essentiellement psychologique), enfin pour l'impliquer dans la recherche de solutions (dans la nature même du changement ou dans les modalités de mise en œuvre par exemple : timing, ampleur, accompagnement...).

Comment le manager peut-il développer la confiance en soi de ses collaborateurs ?

A la lecture de la description de chacun des quatre états de confiance, par écho aussi de nos expériences personnelles, comme manager, ou dans notre propre vie, il parait évidemment préférable de vivre (ou d'amener ceux qu'on a la responsabilité de manager) dans l'état proactif.

Être en confiance, avoir des collaborateurs confiants en eux est un atout considérable. Proactif, l'individu fonctionne de façon simple, sereine, efficiente.

Contrairement à ce que pensent de nombreuses personnes, l'état proactif n'est pas le privilège de quelques individus, heureux héritiers d'un capital de confiance en soi, fruit de l'hérédité ou de la chance.

Les enfants, proactifs naturels

Qui a des enfants l'a certainement constaté : dans les premiers temps de leur existence, ils semblent animés d'une confiance en eux à toute épreuve – et de l'énergie qui va avec (au grand dam de leurs parents épuisés parfois !). Ils osent tout, essayent tout, prennent tous les risques (si on ne les en empêche pas...), échouent mais recommencent aussitôt... Curieux, actifs, proactifs même, ils ne se posent pas de questions et suivent leurs envies, animés parfois par des rêves pour la simple formulation desquels on internerait n'importe quel adulte ! Ils ignorent l'existence même du conditionnel : « Je veux... », répètent-ils avant qu'on ne leur apprenne la conjugaison des adultes « J'aimerais bien… » (sous-entendu : « Si c'était possible… »). Ou « Plus tard, je ferai… », affirment-ils au futur, et non « Plus tard, je ferais… » (« à condition que… »).

Parce que oui, nous allons leur apprendre à douter ! Bien sûr, nous conviendrons de l'importance d'élargir sa conscience du monde dans lequel il va vivre et notamment des limites de sa liberté – en l'occurrence la morale ou la liberté des autres, par exemple. Leur expliquer qu'on ne peut pas tout faire, qu'on ne peut pas tout avoir tout de suite et sans effort, sont des bases à leur transmettre.

Mais, dans cette mission éducative, se mêlent aussi d'autres messages sur leurs propres « limites », leurs « défauts », leurs « points faibles », leurs « manques », porteurs d'un doute sur eux-mêmes qui peut, des années durant, voire une vie entière, freiner, empêcher, bloquer leur épanouissement, leur progression, leur réussite (et plus tard handicaper l'adulte qu'ils deviendront).

S'il est essentiel pour les enfants d'acquérir la conscience des limites qu'impose le respect des autres et de l'environnement (on ne peut pas faire n'importe quoi), il n'y a pas d'intérêt à poser des limites à propos de leur capacité à faire des choses. On ne doit pas vouloir faire n'importe quoi, mais on peut réussir à faire tout ce que l'on veut !

La spirale du doute

Les messages que nous avons reçus durant notre éducation, qu'ils proviennent de nos parents, professeurs, managers… ont donc une influence sur notre « capital » confiance.

Le bilan Doute/Confiance avec lequel nous engageons notre vie d'adulte dépend en grande partie de l'équilibre entre les messages positifs que nous avons reçus (encouragements, félicitations, qualités qui nous ont été reconnues, succès…) et les messages négatifs par lesquels nos interlocuteurs (le plus souvent bien intentionnés, il faut le reconnaître) ont cherché à nous faire prendre conscience de nos erreurs, de nos points faibles, défauts, limites, à débriefer nos échecs.

S'il y a des domaines dans lesquels nous avons plutôt été reconnus de façon positive, entraînant une spirale de motivation, de progrès et de succès (à l'origine de nos points forts), il y en a d'autres dans lesquels nous avons au contraire été reconnus négativement (nos points faibles).

Beaucoup de nos choix (les activités que nous avons aimées, les études dans lesquelles nous nous sommes engagés, le métier vers lequel nous nous sommes orientés, etc.) ont été naturellement guidés par ces zones de confiance/doute : éviter de nous confronter à nos points faibles, au contraire jouer sur nos forces, nous a souvent permis de trouver le bon chemin... sauf quand un tiers (éducateur, parent, professeur, manager...) s'est employé à nous expliquer l'importance de corriger nos défauts, de travailler nos points faibles, de combler nos lacunes. Certains d'entre eux sont allés jusqu'à nous demander de cesser de nous investir dans les activités synonymes pour nous de confiance, pour consacrer plus d'énergie encore à travailler sur nos points faibles : « Plutôt que d'aller jouer au foot ce week-end avec tes amis, tu vas réviser tes maths... D'ailleurs, l'année prochaine, le mercredi après-midi, au lieu de t'entraîner au club de foot, tu travailleras les maths avec un étudiant. »

Qui n'a pas été tenté par ce genre de décision, revenant à tenter de motiver un enfant à s'engager dans un domaine dans lequel il doute en le privant d'une activité qui lui apporte de la confiance en lui ?

Exemple : la timidité

Prenons l'exemple (ô combien répandu) de la timidité.

Dès la maternelle, les classes se divisent entre enfants extravertis d'un côté et enfants introvertis de l'autre. Introversion/extraversion ne sont, jusqu'ici, que des traits de caractère, qui ne disent rien du niveau d'intelligence, des capacités ou du potentiel des élèves... Ce ne sont que deux modes de fonctionnement différents, l'extraverti cherchant plutôt les réponses

• • •

aux questions qu'il se pose à l'extérieur (dans le rapport aux autres et au monde en général), l'introverti les cherchant plutôt à l'intérieur de lui-même. L'un parle, s'exprime, facilement, rapidement, spontanément. L'autre ne le fait qu'après avoir réfléchi, de façon plus posée, plus structurée. Autant dire qu'il est possible de réussir de grandes choses avec l'un ou avec l'autre de ces traits de personnalité. Car là n'est pas le critère décisif...

Le facteur plus déterminant est le regard posé par l'environnement sur ces traits de personnalité. En l'occurrence, il arrive fréquemment que l'enfant introverti soit qualifié de « timide ». Ce qui n'est qu'un trait de caractère risque alors de devenir un « vilain » défaut : « doit s'exprimer davantage à l'oral », « ne participe pas assez en classe », « dommage qu'on n'entende pas le son de sa voix », et autres commentaires scolaires viendront souvent officialiser le jugement.

Une fois le doute installé, la spirale s'autoalimente : l'enfant se met à croire qu'il lui manque quelque chose, qu'il n'a pas les mêmes capacités que les autres à s'exprimer, qu'il est différent, moins bien... Chacune de ses tentatives de prise de parole devient plus difficile et cette angoisse se voit (il rougit, n'arrive pas à formuler ses phrases, etc.). Et il voit que ça se voit : certains en sourient, d'autres se moquent carrément, l'enseignant redouble de précaution pour tenter de protéger le « malheureux » élève. Et même si le fond du propos est juste et pertinent, même si le professeur le souligne, l'impression demeure : il y a un défaut, c'est évident. Le complexe de timidité se consolide tranquillement...

Les exposés, les cours de langue étrangère, les oraux deviennent une source d'angoisse phénoménale. Et ce doute, initialement lié à cette seule activité de prise de parole, tend à envahir une grande partie de la vie de l'élève, venant déséquilibrer son bilan Doute/Confiance.

Pour cet enfant, plusieurs stratégies sont possibles, entre lesquelles il pourra osciller ou dans lesquelles il finira par s'engager ou par se retrouver engagé :

- Éviter, autant que faire se peut, les occasions de se confronter à des situations de prise de parole, en choisissant par exemple de s'orienter dans une filière technique – valorisant naturellement plus la réflexion ; y réussir lui permettra plus tard, de consolider son niveau de confiance en lui (et d'atténuer donc le sentiment de doute). En appui sur ses compétences techniques, fort du capital confiance acquis dans son domaine, il pourra même réussir à affronter, de temps à autre, des situations de prise de parole, au prix souvent d'un grand niveau de stress. Sa timidité ne l'empêchera pas de vivre, mais restera sans doute un frein pour lui...

• Se laisser gagner par le doute et perdre en énergie jusqu'au point de ne même plus pouvoir s'investir dans ses activités préférées. Privé de ce qui lui apportait de la confiance en lui, bloqué sur ses points faibles, il est gagné (ou plutôt perdu en fait...) par le découragement, tenté de renoncer à agir et de « sortir » du monde... Le risque pour lui est de finir par « décrocher » momentanément, ou plus durablement, malheureusement.

• Vaincre le regard des autres, comprendre que le défaut en question n'est pas une réalité mais une image, et reprendre peu à peu confiance dans sa capacité à s'exprimer, souvent par la pratique d'activités nouvelles dans un cercle nouveau (théâtre, par exemple).

L'engagement dans l'une ou l'autre de ces stratégies dépendra fortement des tiers et de leur tendance soit à alimenter la spirale du doute, soit à renforcer la confiance en soi.

Renforcer la confiance en soi

■ Savoir valoriser les efforts « à chaud »...

Cette aptitude à développer la confiance des autres en eux-mêmes est certainement une des qualités essentielles d'un bon manager, quel que soit l'univers dans lequel il exerce.

Si certains (rares, si l'on en croit les témoignages recueillis sur ce thème) possèdent naturellement cette qualité, les autres l'ont travaillé, apprenant à appliquer un principe simple, empreint de bons sens, et pourtant si difficile à ancrer : reconnaître et valoriser les efforts des individus (leurs actes, leurs acquis, leurs progrès, leurs succès, leurs résultats...) dès que possible et aussi souvent que possible. Dans l'action, à la fin de l'action, l'individu est particulièrement en attente de ces retours : chaque message (chaque regard) du manager a une influence sur le niveau de confiance (s'il est perçu comme positif) ou sur le niveau de doute (s'il est vu comme négatif). « À chaud » donc, le mieux est d'apprendre à éviter tout message négatif, même ceux que certains managers qualifient de « constructifs » : souligner l'erreur, formuler une critique, adresser un reproche, donner un conseil, analyser un échec sont des réflexes à bloquer.

FICHE PRATIQUE

VALORISER LES EFFORTS « À CHAUD »

Voici quelques bons réflexes à développer pour renforcer efficacement le niveau de confiance d'un collaborateur :

- S'intéresser à ce que l'individu a fait, qu'il ait réussi ou qu'il ait échoué (sans doute à plus forte raison quand il a échoué, circonstance aggravante en matière de doute).
- Lui demander de montrer et de raconter ce qu'il a fait.
- Souligner les actes décisifs (les fondamentaux à ancrer, *cf.* le chapitre 6 et la posture Concentration), ou si le collaborateur est en situation d'échec, faire preuve d'empathie.
- Mettre en lumière les éventuels progrès.
- Applaudir le cas échéant les bons résultats.
- Surtout : éviter ensuite d'enchaîner sur les erreurs commises, les manques, les points faibles, etc. « À chaud », toute remarque, critique ou reproche est fortement destructeur de confiance.

Trois remarques s'imposent d'emblée :

1. Valoriser les efforts de l'individu consiste bien à *réellement* s'intéresser à ce qu'il a fait, et non à « balancer » d'emblée des compliments vagues et superficiels. « Super boulot ! », « Bravo », « T'es un champion ! »... et autres exclamations générales n'ont que peu d'effet sur la confiance. Pire, le compliment (qui commence par « Tu es... », en attribuant des qualités à l'individu : compétent, génial, doué, fort, beau...) risque de l'amener à se croire « plus... » que les autres. Le compliment en effet, parce que centré sur l'être (et non sur l'acte) ne touche pas tant la confiance en soi (c'est-à-dire le sentiment de pouvoir réussir ce qu'on entreprend) que l'image de soi (la façon avec laquelle la personne se voit). Le compliment nourrit ces gens trop contents d'eux que l'on confond parfois avec des proactifs : ils se vantent souvent, cherchent à écraser les autres, aiment se comparer à eux… mais cachent en vérité un déficit de confiance en eux. La confiance en soi, la vraie, celle du proactif, ne se construit pas tant dans le compliment que dans la valorisation des actes, ce qu'on appelle souvent la félicitation (qui, elle, souligne l'effort fait et connecte l'acte au progrès ou au résultat obtenu : « C'est bien d'avoir fait ça, car ça donne tel résultat »). Or, pour pouvoir féliciter de façon précise, pertinente, crédible, il faut d'abord avoir pris le temps d'écouter et de regarder le travail accompli. D'ailleurs, pour être complet, l'efficacité de la valorisation tient beaucoup plus à l'attention portée à l'individu et à son travail qu'à l'enthousiasme forcé des mots du manager.

Du côté du sport

Les champions sportifs apportent un éclairage intéressant à ce propos. Les légendes, ces athlètes qui marquent leur discipline, laissent souvent transparaître un mélange d'humilité et de confiance en eux.

Leurs palmarès pourraient largement leur monter à la tête – comme cela arrive pour certaines petites stars moins titrées – mais ils gardent une simplicité et une accessibilité de tous les instants, continuant à travailler dur, à aborder chaque adversaire avec respect et sérieux, à ne jamais croire la victoire acquise… Rafael Nadal fait sans doute partie de ces personnages. Réputé « sur le circuit » comme un garçon toujours courtois, impliqué et appliqué dans son entraînement quotidien, disponible pour les autres (sponsors, public…), il continue, malgré les victoires et les titres, à rester humble et concentré. En revanche, comme beaucoup d'autres grands champions toutes disciplines confondues, dans l'action, sur le terrain en l'occurrence, il semble animé d'une confiance en lui inébranlable. Même sévèrement mené, même fatigué ou blessé, même sur un point décisif ou

•••

après avoir perdu un point facilement, il parait à chaque coup engager la même énergie phénoménale pour frapper la balle.

Comme le souligne Richard Gasquet (Gasquet et Nadal se croisaient déjà sur les courts, à 12 ans, quand ils étaient l'un et l'autre des espoirs du tennis... mais à l'époque, c'était le Français qui gagnait !) : « Il y a vraiment deux Rafael en Nadal. Ce n'est peut-être pas un hasard s'il tient sa raquette de la main gauche alors que dans la vie il est droitier. »[1]

Différents reportages et ouvrages se sont penchés sur le phénomène Nadal. À chaque fois reviennent les mêmes éléments, corroborant les principes évoqués plus haut, dont :

- Le très haut niveau d'exigence posé par Tony, l'oncle et entraîneur de Rafael depuis son tout jeune âge, notamment centré sur la recherche incessante du progrès dans l'efficacité du geste (encore l'exigence basique décrite plus haut dans l'axe Implication).
- Le peu de place accordé au talent : Tony a plusieurs fois expliqué que Rafael n'avait pas vraiment de talent... raison pour laquelle il lui fallait travailler plus dur. C'est un point qui tranche avec les discours parfois entendus, y compris de la part de certains coachs, sur les prétendus talents de leurs joueurs (avec l'effet « compliment » décrit ci-dessus).
- En droite ligne de ces premiers aspects, une valorisation des gestes (et de l'engagement à les faire, de l'intensité dans leur accomplissement) qui entretient la confiance, favorise la remise en question et contribue à construire un mental d'acier. La victoire ne s'obtient pas par ce qu'on est mais par ce qu'on fait. À l'inverse, la perte d'un point n'est jamais le fait du terrain, de la raquette, du vent ou du public... mais toujours d'un geste à parfaire. Chaque point est donc indépendant. Il est toujours possible d'inverser le score... Il faut jouer juste et juste jouer !

2. Valoriser n'est pas « positiver ». Pas plus qu'il ne s'agit de lancer des compliments à tort et à travers, valoriser ne consiste pas à travestir les échecs en succès ou à masquer les erreurs derrière de prétendus progrès... Valoriser, c'est d'abord écouter et regarder : si

1 Extrait de la préface du livre de Richard Gasquet, *Rafael Nadal*, éditions Solar, 2015.

en cas de succès, l'individu sera certainement fier de ce qu'il a fait, en cas d'échec, nombreux sont ceux qui évoqueront plutôt leur déception ou leurs difficultés, ou s'ils sont plus négatifs, qui chercheront des justifications... Chercher à atténuer l'échec, à grossièrement mettre en avant ce qui est « quand même » bien, etc. ne fonctionne absolument pas. Plus juste est l'attitude consistant à reconnaître l'échec (s'il y a échec évidemment !), à faire preuve d'empathie, à accepter effectivement la difficulté de l'exercice ou de l'enjeu... « À chaud », il faut se garder de vouloir rentrer dans une analyse approfondie et précise du « pourquoi » de l'échec, tout comme il faut éviter de « positiver » à tout prix les situations manifestement vécues comme négatives par l'individu.

3. Pour valoriser les efforts de l'individu, encore faut-il qu'il y ait eu efforts de sa part... Sous prétexte de renforcer la confiance, certains managers zélés pourraient oublier une condition essentielle : le respect par l'individu des exigences basiques. Qu'il rencontre des difficultés, qu'il commette des erreurs, qu'il ne parvienne pas à atteindre l'objectif, qu'il ait des points faibles renvoient bien au débat Doute/Confiance. En revanche, le fait qu'il ne joue pas le jeu, c'est-à-dire qu'il ne fasse pas les efforts *a minima* attendus, l'expose à un recadrage ferme et immédiat (*cf.* le chapitre 5 et la posture Sanction). Ne pas réaliser les efforts demandés revient pour lui à se mettre en faute (sciemment, donc). Ne pas réussir à atteindre l'objectif démontre qu'il y a eu erreur (manque de compétence ou de confiance). La faute appelle l'intransigeance. L'erreur réclame plutôt l'indulgence, et donc la valorisation « à chaud » telle que décrite précédemment.

Avis d'expert

VIRGINIE GUYOT, pilote de chasse, ex-leader de la Patrouille de France (2010)

ON IMAGINE QU'IL N'Y A PAS DE PLACE POUR LE DOUTE DANS UNE UNITÉ COMME LA PATROUILLE DE FRANCE ?

Détrompez-vous : les pilotes de chasse ne sont pas des surhommes, loin de là ! Nous évoluons en permanence avec un risque qui nous rend humble… D'ailleurs, quand nous intégrons la Patrouille de France, nous ne sommes pas du tout sûrs d'être capables de réaliser ce que l'on attend de nous. Ce qui peut nous amener à traverser des périodes de doute. C'est là que la bienveillance et l'entraide mutuelle, valeurs fondatrices de notre unité, nous permettent de retrouver la confiance nécessaire pour passer ces épreuves.

VOUS PARLEZ DE CONFIANCE DONC, MAIS AUSSI D'HUMILITÉ…

Oui bien sûr, car nous restons toujours très vigilants à repérer l'excès de confiance que nous pouvons ressentir lorsque nous nous sentons trop à l'aise dans la réalisation d'une figure. Là encore, la bienveillance de l'unité veille sur nous pour nous alerter et nous faire prendre conscience de cet état. L'expression « MEF », pour méfiance, est le signal que nous nous adressons dans ce cas. La dimension humaine de la patrouille et la solidité de nos relations sont de toute évidence les moteurs de cette confiance individuelle et collective.

■ … et savoir exiger « à froid »

Les purs esprits rationnels pourraient s'offusquer d'un management qui se contenterait de valoriser encore et toujours les efforts… sans jamais s'intéresser aux erreurs, aux échecs, aux points faibles. « Il va quand même bien falloir qu'on lui dise tout ce qui ne va pas à ce collaborateur », grogne souvent le manager qui participe à un séminaire de formation en management…

Bien sûr, tentons-nous alors d'expliquer à ce manager grognon que renforcer la confiance ne revient pas à accepter *ad vitam aeter-*

nam les erreurs ou les points faibles de l'individu. D'ailleurs, que deviendrait la confiance d'un collaborateur qui ne progresserait jamais, qui continuerait à traîner les mêmes manques ou à échouer sur les mêmes écueils ?

L'objectif est donc bien entendu de l'amener à progresser.

Mais il s'agit de comprendre que cette progression se fait d'autant plus rapidement et d'autant plus facilement qu'elle contourne nos vieux réflexes de prise de conscience, consistant à pointer avec application, ce qui dans le passé, fût-il récent, a conduit à l'échec ou à l'imperfection. Plus efficace est la pratique revenant à compléter les acquis (les efforts, les progrès, voire les résultats valorisés « à chaud ») par de nouvelles exigences ou par des exigences plus précises. L'image d'une spirale pourrait ici apparaître : en soulignant ce que l'individu a fait de bien « à chaud », le manager tend à engager une boucle de confiance croissante, laquelle « autorise » à poser une exigence supplémentaire, dont l'application permettra un progrès, lequel, à nouveau valorisé, contribuera à former une seconde boucle, et ainsi de suite...

Une fois de plus, le timing a son importance : dans l'action, juste à la fin de l'action, le moment est propice à la valorisation. Ajouter, dès ce moment-là et dans le même échange, une exigence risque d'atténuer l'impact de la valorisation sur la confiance (ne serait-ce que parce que l'individu n'a pas eu le temps de profiter du sentiment d'avoir accompli l'effort attendu ou d'avoir atteint son objectif). Pire, l'exigence, à cet instant, pourrait laisser à l'individu l'impression d'une volonté de manipulation de la part de son manager : « Il m'encourage mais seulement pour faire passer la pilule de l'exigence qui arrive ensuite... ».

À l'idéal donc, l'ajout de l'exigence, qui doit permettre de corriger les erreurs commises, d'éviter la reproduction de l'échec passé, ou simplement d'apporter un progrès (sur un point faible par exemple) se fait plutôt « à froid ». Somme toute, cette contrainte de timing semble aller de soi : contrairement aux reproches, à la prise de conscience de ce qui n'a pas marché, tournés vers le passé, l'exigence, elle, oriente vers l'avenir. Elle aura donc plus facilement sa place dans un entretien de briefing, pour préparer la suite de l'action ou envisager la reproduction de l'action déjà jouée dans le passé.

Dernier intérêt de ce réflexe « à froid » : posée en préparation de l'avenir, l'exigence (au contraire du reproche) permet d'éviter les longues et inutiles justifications, les « oui, mais... » des collaborateurs en doute. Peu importe au fond ce qu'il s'est passé hier ou la semaine dernière, indique en substance le manager : seules comptent l'action à venir et l'application de l'exigence permettant le progrès. Au lieu de se perdre dans de longs échanges consommateurs d'énergie sur ce qu'il aurait fallu faire (ou ne pas faire), le manager pourra se contenter d'un briefing (participatif ou directif, selon le niveau de compétence du collaborateur) sur ce qu'il va falloir faire demain pour réussir.

■ Collectivement...

Cette pratique de la valorisation « à chaud », complétée par un acte d'exigence « à froid » s'inscrit naturellement et avant tout dans un contexte de management individuel : la confiance en soi se développe essentiellement dans le rapport personnel entre manager et collaborateur. Pour autant, dans l'animation d'une équipe, le même principe s'applique parfaitement.

Les techniques de réunion de bilan/lancement, décrites dans le chapitre 7 consacré à la notion de sens (*cf.* la posture Vision), s'articulent autour de ce principe. En fin de période, « à chaud », la réunion de bilan a pour objectif essentiel de valoriser les efforts, les progrès et les résultats obtenus par l'équipe dans la séquence de temps passée – sans s'attarder sur les erreurs, les manques ou les échecs. Dans un second temps (« à froid », ou à la suite du bilan, mais clairement dissocié), la réunion de lancement permet justement de mobiliser et concentrer l'équipe sur les actions à mettre en œuvre sur la séquence à venir.

Cette logique de déconnection entre bilan (valoriser le passé) et lancement (exiger pour l'avenir) peut paraître anecdotique. Mais l'expérience montre que ce seul « détail » a un fort impact sur le niveau de motivation des équipes, dont certaines éprouvent un sentiment de fatigue à l'écoute des réunions « reproches » subies chaque semaine. Sommés de développer une « culture de performance », pressés par le suivi des sacro-saints indicateurs de performance (et du non moins sacré reporting allant avec), les managers ont parfois transformé leurs réunions hebdomadaires en « tribunal des indicateurs », face auquel chaque collaborateur est sommé de justifier les écarts entre « prévu et réalisé » – sans pour autant d'ailleurs que l'on prenne le temps de s'arrêter sur les indicateurs « au vert » : c'est inutile puisqu'ils sont « au vert » ! Plus insidieux qu'il n'y parait, le sentiment de fatigue finit par ronger la motivation, la confiance et l'engagement des équipes : étant donné le nombre d'indicateurs surveillés – et au vu du caractère souvent contradictoire entre ces différents indicateurs (quand l'un augmente, l'autre, mécaniquement, tend à baisser...) – il est illusoire d'imaginer obtenir une « score card » totalement verte. Autrement dit, l'équipe sait que, quels que soient ses efforts, elle aura forcément sa dose de reproches chaque semaine !

Mon propos bien sûr ici n'est pas de remettre en cause la notion de « culture de performance » mais de pointer l'une des dérives qui y est le plus souvent associée, fondée sur l'idée erronée que pour mobiliser les équipes sur les chiffres, il ne faut leur parler que de chiffres ! Il ne s'agit pas, en pointant cette dérive, de jeter aux orties les KPI's, Score Card et autres tableaux de bord... seulement de rappeler que Microsoft Excel est un tableur, pas un manager ! Le tableur présente les informations, de façon exhaustive, rationnelle et factuelle, mais il ne peut constituer, en tant que tel, un support ou une trame de réunion. Animer son équipe, c'est aller chercher dans le tableau les informations qui viennent conforter et nourrir le message qu'en tant que manager, je veux faire passer : les efforts, les progrès, les résultats que je veux valoriser par exemple lors de la première partie de ma réunion (bilan), ou encore les points sur lesquels je souhaite focaliser les efforts de l'équipe (lancement).

Ce principe de bilan, valorisant l'engagement passé des équipes permet à ces dernières de reprendre un peu de l'énergie dépensée (encore et toujours la reconnaissance...) et contribue à atténuer l'effet du « Rocher de Sisyphe[1] ».

Exemple

Valoriser l'ordinaire autant que l'exceptionnel

Cette logique de bilan valorisant/lancement exigeant est parfois assez naturellement mise en œuvre, le manager sentant qu'il ne peut faire autrement. Dans l'univers du « retail » par exemple, à l'occasion de l'ouverture d'un nouveau point de vente, la mécanique paraît incontournable. La veille de l'ouverture, l'équipe en place est évidemment totalement investie pour finaliser la mise en place : chacun met la main à la pâte jusque tard dans la nuit, puis s'investit pleinement le lendemain pour la première journée d'ouverture.

Lorsque le rideau se baisse après cette première journée, que l'équipe souffle enfin, il est évident que tout message de reproche serait insupportable au regard de l'engagement de chacun. Et pourtant, bien souvent, ce premier soir, il y a une multitude de détails, d'erreurs, de problèmes à régler...

Dans ces moments-là, le bon réflexe vient naturellement : valoriser les efforts de tous et de chacun, remercier, fêter l'ouverture – et oublier, pour l'instant, toutes les imperfections, ou même le chiffre qui, ce premier soir, n'est peut-être pas à la hauteur des espérances : « On verra lundi », se dit, à juste titre le responsable du magasin.

Effectivement, plus belle sera cette fête du premier soir, plus facile certainement sera le lancement du lundi matin. Ce matin-là, pour le manager, la page de l'ouverture définitivement tournée, il s'agira de définir clairement et précisément les actions prioritaires à mettre en œuvre sur la journée puis la semaine à venir, pour corriger les imperfections et atteindre les objectifs fixés.

Dans ces cas d'engagement exceptionnel (dans lesquels on sait devoir compter sur un investissement très fort de l'équipe), le réflexe de valorisation semble naturel. Mais, dès le retour à une situation ordinaire, dans

• • •

1 Empruntée à la mythologie grecque, la métaphore du « Rocher de Sisyphe » symbolise une tâche interminable qui se répète à l'infini. Selon le mythe, Sisyphe aurait déclenché la colère des dieux de l'Olympe qui, en guise de châtiment, l'auraient condamné à pousser un énorme rocher jusqu'au sommet d'une montagne. Le sommet étant trop petit, le rocher redescendait sans cesse la pente, obligeant Sisyphe à répéter inlassablement la même opération.

• • • la routine du quotidien, la tentation est grande de revenir à la mécanique des reproches. Et pourtant : ce n'est pas tant dans les moments forts que ce besoin de valorisation est grand (dans ces cas-là, la simple satisfaction du travail accompli, du défi relevé suffit à motiver), c'est avant tout justement quand la routine s'installe qu'apparaît le besoin de sentir ses efforts reconnus.

Du côté du sport

Ce n'est pas autre chose que dit Fabrice Pellerin, dans son livre[1], au sujet de la motivation des champions de natation qu'il a entraînés. Ce n'est pas tant le jour de la course olympique que le rôle du coach est important, explique-t-il : le simple fait d'y participer, d'être ce jour-là au centre du monde, devant des milliers de spectateurs (et des millions de téléspectateurs) est déjà une victoire, un aboutissement, pour l'athlète qui s'entraîne dur depuis des années pour cela. Et si, d'aventure ce jour-là, le champion gagne la course, ou finit sur le podium, il se sentira de fait récompensé pour son travail. Que dans ces moments-là, le coach sache valoriser n'est pas vraiment le sujet !

En revanche, souligne Fabrice Pellerin, soutenir, encourager, valoriser sont des actes qui prennent toute leur importance une fois l'athlète revenu dans la rigueur de son entraînement quotidien. Là, quand les efforts font souffrir, quand les progrès attendus ne viennent pas, quand le découragement pointe, quand la confiance s'effrite, qu'il n'y a ni public pour applaudir, ni média pour s'extasier, le rôle du coach est vital. Son aptitude à valoriser l'engagement du champion « à chaud » (malgré l'absence de progrès), sa capacité à remobiliser à chaque début de séance « à froid » (sur de nouvelles exigences de travail) constituent le cœur de sa mission et l'une des clés du succès de l'athlète, des mois plus tard dans le bassin olympique.

1 Fabrice Pellerin, *Accédez au sommet, le chemin est en vous*, Michel Lafon, 2013.

L'essentiel

- **En étant attentif à valoriser quotidiennement** les efforts de ses collaborateurs (leurs progrès aussi, leurs succès bien sûr), le manager contribue à développer leur niveau de confiance en eux (et en lui par la même occasion).
- **Or, plus les individus prennent confiance en eux,** plus ils deviennent proactifs (haut niveau de motivation).
- **À l'inverse, à force de pointer les erreurs**, les défauts, les limites ou les points faibles, le manager accroît le doute (et diminue la confiance), contribuant à démotiver ses collaborateurs (état réactif, négatif, voire dépressif).
- **Souvent guidé par ses réflexes culturels**, le manager doit donc acquérir de nouveaux réflexes, notamment pour valoriser « à chaud » (dans l'action ou juste à la fin de l'action), et en acceptant de corriger ou d'exiger « à froid ».

AUTODIAGNOSTIC

Suis-je un manager « valorisant » ?

- ☐ J'ai le sentiment de faire facilement confiance à mes collaborateurs.
- ☐ Quand l'un d'entre eux rencontre un échec, je me préoccupe d'abord de savoir comment il va.
- ☐ J'évite, autant que possible, de faire systématiquement remarquer toutes les erreurs quand quelqu'un me montre son travail.
- ☐ Je prends souvent le temps d'aller voir les gens sur leur lieu de travail (bureau, atelier…) simplement pour savoir si tout va bien.
- ☐ Mes collaborateurs viennent spontanément me parler des difficultés qu'ils rencontrent dans leur travail.
- ☐ Je suis attentif à féliciter dès qu'il y a un succès ou une belle réalisation.
- ☐ Si je le peux, j'essaye de récompenser financièrement les collaborateurs qui le méritent.
- ☐ J'aime prendre le temps de fêter les bons résultats avec l'équipe.
- ☐ La semaine dernière, j'ai eu au moins une fois l'occasion de dire « merci » à l'un de mes collaborateurs.
- ☐ Je m'attarde assez peu sur l'analyse du passé : je préfère me tourner vers les actions à mettre en œuvre.

Si vous estimez qu'une grande partie de ces affirmations sont exactes, vous devez être perçu comme un manager « valorisant », qui n'oublie jamais de mettre en lumière les efforts passés, de souligner les progrès et d'applaudir les succès. D'un naturel optimiste, vous voyez davantage le verre à moitié plein qu'à demi-vide, et dans vos comportements et vos discours, vous tendez à transmettre plus de confiance aux autres que de doute.

Si, en revanche, vous n'êtes pas en phase avec ces constats, vous faites peut-être partie de ces managers exigeants, qui de façon louable, attendent beaucoup des autres (et souvent d'eux-mêmes). Impatient, perfectionniste, vous avez du mal à ne pas pointer du doigt chaque erreur, immédiatement et systématiquement. Vous vous attardez parfois longuement sur l'analyse des problèmes et des difficultés, au risque de perdre du temps et de l'énergie qui serait sans doute plus utile dans l'action. Prenez un peu de recul : évitez les laborieux débriefings « à chaud » et laissez les gens vous parler de ce qu'ils ont fait (beaucoup reconnaîtront d'eux-mêmes leurs erreurs).

Chapitre 9

La posture de formation

Executive summary

- **Confrontés à des situations à fort enjeu,** à des difficultés ou à leurs limites parfois, les collaborateurs ont aussi besoin d'être formés. Si le terme laisse imaginer une formation en salle, la formation attendue ici prend davantage la forme d'un accompagnement dans l'action.
- **En sachant profiter des situations quotidiennes** du métier, le manager peut instaurer une relation d'assistance très riche, dans laquelle il n'est pas seulement « un chef qui passe des consignes », mais un « coach » qui aide le collaborateur à trouver les solutions qui lui conviendront le mieux.
- **L'enjeu est clair : développer progressivement** le niveau de compétence du collaborateur et, de fait, son degré d'autonomie.

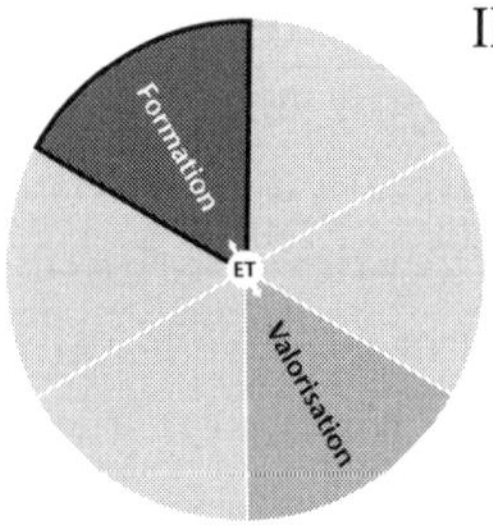

Il est acquis que le management comporte, dans ses nombreuses missions, le développement des compétences. « Faire grandir ses collaborateurs », comme on le dit dans certaines entreprises, s'inscrit dans les responsabilités des managers, et correspond aux attentes des salariés (motivation, progression, évolutions de carrière, employabilité...).

Mais, au-delà de l'évidence rapidement partagée sur l'intérêt de le faire, les pratiques réellement mises en œuvre sur le terrain restent hétérogènes : du simple et basique recueil des besoins de formation aux intentions plus avancées du « manager-coach », en passant par la mise en œuvre des techniques de délégation, le panel des actions visant à développer les compétences est large.

C'est la raison pour laquelle il nous paraît utile ici de poser quelques points de repères simples et pratiques.

La notion de compétence

Développée dans différents univers (psychologie, sociologie, droit...), la notion de compétence renvoie à des définitions parfois complexes. Dans le cadre qui nous intéresse, nous pouvons nous contenter d'une définition pragmatique, posant la compétence comme un ensemble de ressources (savoir, savoir-faire, savoir-être) que l'individu a la capacité de mobiliser et de mettre en œuvre pour réaliser une tâche ou remplir une mission avec succès.

D'emblée, cette définition appelle quatre remarques :

1. Il n'existe pas d'individus compétents (ou incompétents) « dans le vide » : la compétence ne s'apprécie qu'en fonction d'une tâche ou d'une mission. Un même collaborateur peut évidemment être compétent sur certains des contenus de son poste... et moins sur d'autres. Juger « globalement » que quelqu'un est ou n'est pas compétent ne signifie pas grand-chose... Pour être plus précis encore, en induisant que la compétence renvoie à la notion d'efficacité (donc d'atteinte du résultat), on suppose que cette compétence n'est jamais un acquis : confronté à une situation nouvelle, un enjeu plus grand, une évolution des conditions d'exercice (plus vite, plus fort...), l'individu hier considéré comme compétent dans la mission en question, peut se trouver en limite de compétence. Cette notion de compétence, objectivée et reliée à une tâche ou une mission précise, est par essence relative et mouvante. C'est la raison pour laquelle, elle doit faire partie des préoccupations quotidiennes des managers : chaque individu dans chaque situation, chaque jour, remet en jeu son niveau de compétence, certes sans repartir de zéro, mais avec un potentiel de progrès et un risque d'échec.

2. La définition parle d'un « ensemble de ressources que l'individu a la capacité de mobiliser et de mettre en œuvre... » ce qui signifie, en d'autres termes, qu'on ne peut envisager la notion de compétences indépendamment de l'individu qui est censé les mettre en œuvre. Contrairement à ce qui nous est souvent donné à croire, il n'y a pas, pour réussir dans une mission lambda, un plan d'action universel : tous les individus ne possèdent pas les mêmes talents, la même personnalité... Former n'est pas conformer : développer la compétence de collaborateurs dans un domaine ne consiste pas à leur demander d'appliquer tous le même modèle de réussite, mais au contraire à les aider à trouver, dans l'ensemble des compétences requises, celles qu'ils seront capables d'acquérir et de maîtriser le plus facilement possible (compte tenu de ce qu'ils sont). L'individu compétent dans un domaine n'est pas nécessairement parfait, sans défaut ni lacune : en revanche, il sait jouer sur ses forces, choisir le plan qui mobilise avant tout les compétences qu'il maîtrise le mieux. Former, ce n'est donc pas seulement expliquer tout ce qu'idéalement il faudrait faire (l'ensemble des compétences à mobiliser... si l'individu possédait tous les talents et leurs contraires en même temps !), c'est l'aider à trouver le chemin de réussite qui valorise ses qualités naturelles.

3. Définie comme un ensemble de ressources, la compétence ne se résume pas au seul savoir théorique (connaissance). La compréhension des mécanismes est essentielle – notamment parce qu'elle confère sens et intelligence dans l'action et non la stricte et bête application du savoir-faire acquis – mais insuffisante. C'est la raison pour laquelle le développement de compétences ne peut seulement renvoyer à la politique de formation mise en œuvre par le service Formation. Si la connaissance peut s'acquérir en salle, l'essentiel de l'apprentissage des savoir-faire et savoir-être nécessaires à l'action se fait en situation. C'est la raison pour laquelle le manager est l'acteur principal du développement des compétences de ses collaborateurs.

4. La compétence, enfin, intègre la notion de savoir-être, ce qui indique que, de notre point de vue, ceux que l'on qualifie parfois « d'experts » ou de « bons techniciens » (qui posséderaient donc le savoir et le savoir-faire) ne peuvent être considérés comme compétents s'ils ne possèdent pas le savoir-être requis. Un vendeur, aussi pointu soit-il dans la connaissance de ses produits, de son marché, de ses clients ou des techniques de vente, n'est pas un bon vendeur s'il ne met pas en œuvre, quotidiennement les comportements et les attitudes voulues par l'entreprise (sourire, prise en compte des besoins du client, etc.). Dissocier le savoir-être de la « compétence technique », c'est admettre que la dimension comportementale n'est que secondaire et optionnelle. Dans la pratique, cette dissociation est souvent le symptôme d'un management laxiste qui, dépassé par quelques « barons » (ces fameux soi-disant « experts » qui, profitant de leurs bons résultats temporaires, s'autorisent des hors-jeu comportementaux chroniques), a fini par abdiquer ! Rappelons ici, à ce propos, que les hors-jeu doivent absolument faire l'objet de recadrages fermes, tels que nous les avons décrits dans le premier axe (*cf.* le chapitre 5 et la posture de sanction).

Complémentaire à la traditionnelle notion de formation (présentielle ou à distance, e-learning), l'engagement du manager dans le développement des compétences de ses collaborateurs est donc essentiel. Il se fait en intégrant l'ensemble des éléments indissociables et indispensables à la réussite de l'individu dans l'action : compréhension des mécanismes en jeu (connaissance, savoir), aptitude à mettre en œuvre les savoir-faire nécessaires (en fonction des situations rencontrées) et à mobiliser les savoir-être (dans le respect des valeurs de l'entreprise). Cet axe de développement des compétences se joue dans l'action : c'est dans l'accompagnement par le manager, de chaque collaborateur (individuellement) dans l'exercice de ses différentes missions, que se font l'apprentissage et la progression.

Enfin, pour faire écho à la notion de confiance en soi précédemment abordée, le manager doit réussir à articuler ces temps d'accompagnement avec les actes de valorisation « à chaud »... au risque sinon de dériver vers une relation certes bien intentionnée (accroître les compétences du collaborateur) mais vécue comme porteuse de reproches : « ce que je fais n'est jamais assez bien », finira par penser le collaborateur à force d'entendre qu'il doit encore progresser dans son niveau de compétence.

Les deux types d'accompagnement

En pratique, les managers ont à leur disposition deux modes d'accompagnement de leurs collaborateurs.

L'accompagnement opérationnel

Très répandu, parce que naturellement indispensable au quotidien, et réclamé par les équipes, cet accompagnement consiste, pour le manager, à apporter son aide au coup par coup, de façon réactive, au fur et à mesure des problèmes qui se posent. C'est le fameux management dit de « la porte ouverte », dans lequel l'initiative revient souvent au collaborateur : confronté à une difficulté, il sollicite l'assistance de son « chef » – qui par définition se doit d'avoir la solution !

Dans ce mode d'accompagnement, le manager enchaîne donc les entretiens (ou réunions) informelles, tantôt avant (briefing), mais plus souvent après l'action (débriefing). Souvent pressé par l'urgence de la situation puisque par définition, cet accompagnement n'est pas prévu à l'avance, le manager et le collaborateur sont avant tout focalisés sur la recherche d'une solution, bien plus que sur le développement des compétences. Il n'est pas rare d'ailleurs de constater qu'une partie de ces situations d'urgence ont justement pour origine l'incompétence persistante du collaborateur, la répétition inconsciente des mêmes erreurs produisant toujours les mêmes effets...

Autre inconvénient : cet accompagnement, essentiellement provoqué par l'apparition de problèmes, induit un caractère négatif à la relation. *A posteriori* en effet, une fois le problème posé, il est tentant de consacrer du temps à l'analyse de ce qu'il s'est passé : quelle erreur a été commise par le collaborateur ? qu'aurait-il dû faire qu'il n'a pas fait ? qu'est-ce qui a manqué ? etc. De fait, ces débriefings « à chaud » entrent en contradiction avec les principes de valorisation « à chaud ». Comment valoriser quand on est en situation difficile et dans l'urgence ? Évidemment, la question, dans ces moments-là, est vite tranchée : exit la valorisation des efforts, place au débriefing... débriefing qui, dans ce contexte, risque d'ajouter au sentiment d'échec vécu par le collaborateur, les reproches de son manager !

Dernière difficulté : il y a, dans ce mode d'accompagnement, un double risque d'accoutumance. Pour le collaborateur d'abord, qui dans certains cas, peut finalement se complaire dans le confort apporté par l'assistance qui lui est systématiquement apportée en cas de difficulté. Demander la solution au manager ou faire valider systématiquement les plans d'action par exemple, dispense de prendre des responsabilités et permet d'éviter de se mettre en danger. Pour le manager, ce type d'accompagnement comporte aussi des bénéfices. Au-delà du planning compliqué qu'il induit (imprévu permanent, défilé de problèmes, etc.), dont le manager se plaint par ailleurs, l'accompagnement opérationnel a un aspect rassurant et valorisant. Pour certains managers issus du métier, il offre une légitimité facile, celle du « mieux sachant », du manager qui a réponse aux problèmes, du manager apporteur de solutions. En mode « pompier », il se pose en « sauveur » (on a besoin de lui), se rend indispensable aux yeux de son équipe et dans l'organisation. Ce manager peut alors justifier de l'impossibilité pour lui de remplir d'autres missions sur lesquelles il se sent moins à l'aise...

À l'évidence, en dépit de son caractère indispensable, ce mode d'accompagnement répond à un besoin avant tout opérationnel (réussir les enjeux au quotidien, réagir aux problèmes qui se posent chaque jour...). Non seulement il ne suffit pas à développer les compétences des collaborateurs, mais plus que ça, il est souvent l'indicateur même du niveau de compétence de l'équipe. Quand l'assistance du manager est fortement requise dans ce mode opérationnel, c'est qu'il est entouré de collaborateurs insuffisamment autonomes dans l'exercice de leur mission. C'est le signe qu'il lui faut redoubler d'efforts pour développer les compétences de ses équipiers, en ajoutant à l'assistance opérationnelle, un accompagnement dit séquentiel.

L'accompagnement séquentiel

Résolument tourné vers l'individu et le développement de ses compétences, l'accompagnement séquentiel n'est pas dicté par les urgences opérationnelles, les problèmes ou les enjeux quotidiens. Comme son nom l'indique, il est calé sur des séquences de temps prévues à l'avance, en fonction du niveau d'autonomie du collaborateur en question. Se nourrissant des événements opérationnels (sur lesquels il peut y avoir bien sûr, ponctuellement, de l'assistance opérationnelle), ces temps de développement de compétence permettent de prendre du recul, pour analyser posément la séquence passée (débriefing séquentiel) et préparer la prochaine séquence (briefing séquentiel).

L'enjeu, ici, n'est évidemment pas de trouver des solutions opérationnelles dans l'urgence, mais bien d'aider le collaborateur à apprendre de ses actions passées (ancrer des bons réflexes, identifier des axes de progrès, capitaliser...) d'une part, et à se préparer d'autre part, pour progresser et réussir dans celles à venir (choisir la meilleure stratégie, réfléchir aux plans d'action possibles, se remettre en tête les fondamentaux à appliquer, etc.).

Par cet aspect déconnecté de l'urgence du quotidien, ce mode d'accompagnement possède plusieurs avantages :

1. Planifié à l'avance, selon la fréquence correspondant au niveau d'autonomie du collaborateur, il facilite l'organisation du manager, qui quitte son uniforme de pompier courant d'un incendie à l'autre, pour endosser celui du vrai manager, organisé et structuré.

2. Parce qu'ils ont donc lieu « à froid », ces temps d'accompagnement sont compatibles avec les principes de la valorisation « à chaud ». Ainsi, en cas d'échec, il sera possible au manager de valoriser dans un premier temps les efforts du collaborateur, de faire preuve d'empathie certainement, d'entendre le récit du collaborateur et de lui faire exprimer ses ressentis... Puis, sauf urgence (imposant de mettre en œuvre des actions correctives immédiatement), le manager attendra le débriefing séquentiel déjà planifié pour analyser posément l'échec. « À froid », il sera beaucoup plus simple, pour le collaborateur, comme pour le manager, de faire preuve d'objectivité, de lucidité, de capacité de remise en cause.

3. Intervenant sans pression de temps, les temps d'accompagnement séquentiels s'orientent naturellement plus vers la préparation des actions à venir que sur l'analyse du passé. En ce sens, ce mode d'accompagnement est aussi naturellement plus positif et plus ouvert : échanger sur ce que l'on pense bien de faire est plus constructif que de discuter (ou de se disputer) sur ce qu'il aurait fallu faire... Le collaborateur est plus facilement force de proposition, le manager plus enclin certainement aussi à imaginer des façons de faire différentes qu'après un échec !

4. Enfin, ce mode d'accompagnement, parce que planifié à l'avance, et parce que très centré sur la préparation, est infiniment plus responsabilisant pour les deux parties. Pour le collaborateur, d'abord, qui reçoit un « contrat » clair : une fois la discussion terminée, il voit précisément ce qu'il doit faire, et surtout sait exactement le moment auquel il devra lui rendre des comptes. Dans cet intervalle de temps, entre briefing et débriefing, il en déduit le niveau d'autonomie dont il dispose. Quand le débriefing annoncé arrive, il connaît les questions que lui posera son manager et peut donc se préparer à y répondre (ou alerter son manager avant en cas de souci). Le manager aussi est plus responsabilisé : il lui est demandé, dans ce mode d'accompagnement, de laisser une vraie autonomie à son collaborateur (en fonction bien sûr de ses capacités), donc de faire confiance. Exit pour lui la tentation du micro-management qui parfois l'amène, par manque de confiance, à venir sans cesse demander des comptes à ses collaborateurs...

Dans ce mode d'accompagnement, le paramètre clé est le niveau d'autonomie du collaborateur. C'est ce critère qui définit la fréquence des temps d'accompagnement, c'est-à-dire la durée des séquences entre les entretiens de briefing et de débriefing. L'important, à l'instant T, est d'ajuster au mieux la fréquence de l'accompagnement au niveau d'autonomie du collaborateur, l'enjeu ensuite consistant bien entendu à parvenir, au fur et à mesure de la montée en compétence du collaborateur sur une mission, à diminuer la fréquence de l'accompagnement, donc à accroître le niveau d'autonomie dudit collaborateur.

La mise en autonomie progressive

Outil simple et pragmatique, la Roue de Dilts[1] décrit les différents niveaux d'autonomie d'un collaborateur dans une mission donnée.

1 Du nom de Robert Dilts, auteur, formateur et consultant, spécialiste de la PNL, qui le premier a formalisé ce schéma.

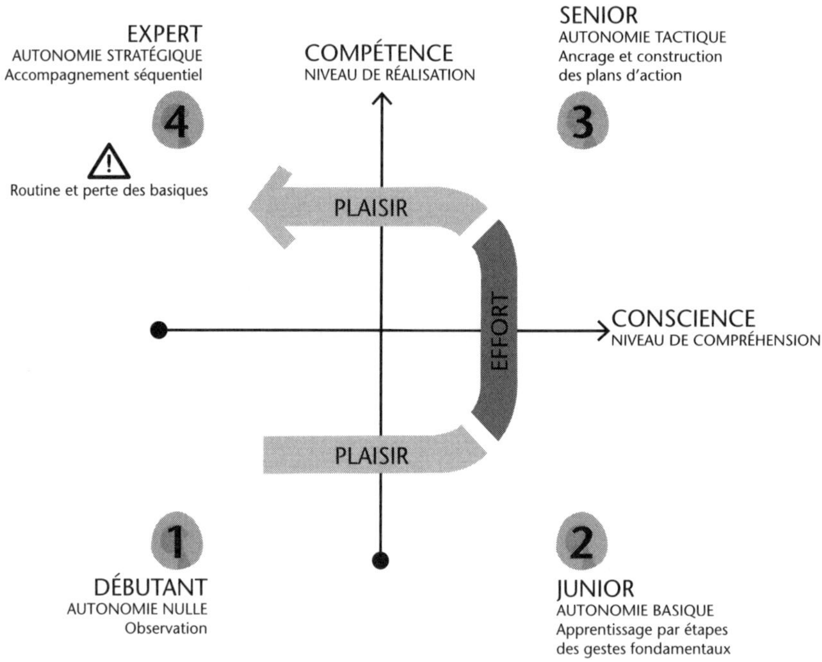

Figure 9.1 – La roue de Dilts

Les 4 niveaux d'autonomie

■ Inconscient/instinctif = autonomie nulle

Dans le tout premier niveau, au stade débutant, le collaborateur est dans l'incompétence inconsciente : n'ayant encore jamais rempli la mission en question, il ne possède évidemment aucune des compétences requises. Il est en outre totalement inconscient de ce qui se joue dans la mission en question : il ne se rend pas compte des mécanismes en jeu, des risques, des compétences nécessaires, etc. S'il agissait seul, il serait seulement guidé par son instinct. En ce sens, le débutant est un mélange explosif… ou miraculeux. Son instinct, lié à son inconscience, peut l'amener à s'engager sans réserve et avec succès dans l'action (pour autant qu'on lui en laisse la possibilité) : c'est « la chance du débutant ». Cette même inconscience, et les mauvais réflexes instinctifs peuvent aussi l'emmener directement dans le mur !

Bien entendu, tout manager un tant soit peu raisonnable aura raison de ne laisser aucune autonomie au débutant. Concrètement, cela revient à ne jamais lâcher un débutant seul dans l'action. Le débutant doit être systématiquement accompagné dans l'action :

– soit, dans les cas où l'action ne comporte pas d'enjeu, le débutant expérimente sous le regard du manager ;

– soit, c'est le manager qui « joue » l'action, sous les yeux du collaborateur.

Dans les deux cas, cet accompagnement ne vise qu'un objectif : élever le niveau de conscience du débutant, lui permettre de se rendre compte de ce que la mission en question contient et exige. Les briefings et débriefings ne sont donc centrés que sur l'exigence de prise de conscience. Il n'y a pas, à ce stade de l'accompagnement, d'exigence d'acquisition de savoir-faire, encore moins de performance. Il s'agit avant tout d'amener le débutant à comprendre (ressentir) les mécanismes en jeu dans les situations auxquelles il va se confronter.

Dans beaucoup de cas, les managers cherchent trop vite à transmettre des techniques. En voulant former rapidement, ils zappent la première étape, oublient que la prise de conscience prime la transmission de compétences. S'il n'a pas totalement intégré les mécanismes en jeu, le débutant risque d'appliquer partiellement ou sans pertinence les savoir-faire qu'on s'acharne à lui transmettre, voire à contester les techniques qu'on lui enseigne.

Tant que les briefings/débriefings ne révèlent pas une bonne compréhension des mécanismes en jeu dans la mission en question, il convient de poursuivre l'accompagnement en niveau 1.

Exemple

L'accompagnement commercial (épisode #1)

Prenons l'exemple de l'intégration d'un jeune commercial dans une équipe de vente. Au-delà des formations dont il peut bénéficier sur les produits, le marché, etc., il est essentiel que son manager lui impose une période de suivi terrain. En visitant ensemble des clients

• • •

• • • (ou en l'envoyant le faire avec un commercial expérimenté), on permet au débutant de vivre différentes situations. Le bon accompagnement consistera, avant et après chaque rendez-vous, à demander à ce jeune collaborateur de porter son attention sur certains points puis d'entendre son analyse de ces différents points. Comprend-il sur quelle dimension s'est jouée telle ou telle négociation ? A-t-il saisi ce qui a provoqué la décision d'achat de ce client lors du rendez-vous ? Est-il conscient de l'importance de la préparation ? A-t-il repéré les dissonances qui trahissaient l'hésitation du client devant la proposition qu'on lui a faite ?... Au fil des jours, on attend de ce vendeur débutant qu'il développe une curiosité, une meilleure acuité, une plus grande capacité d'analyse, une sensibilité à ces différents thèmes sur lesquels il devra ensuite acquérir les savoir-faire. L'un des indicateurs de succès de cette première phase d'accompagnement est d'ailleurs l'évolution de la nature des questions qu'il pose, de « pourquoi il se passe ceci ou cela ? » à « comment faire pour... ? ». La demande de techniques est un bon signal de prise de conscience.

■ Conscient/instinctif = autonomie basique

Dans cette deuxième étape, le collaborateur a conscience que la réalisation de la mission sur laquelle on l'accompagne exige des techniques qu'aujourd'hui il ne possède pas. En ce sens, le plaisir de découvrir, qui anime (on l'espère...) le débutant, fait place à la perspective des efforts à venir : l'instinct ne suffira pas, il va falloir travailler dur pour acquérir les savoir-faire. Dans ce contexte, il faut donc concilier la poursuite de cet accompagnement avec la valorisation des efforts (qui s'annoncent nombreux, difficiles et à faible rendement dans les premiers temps !). C'est par exemple à ce stade que les enfants parfois se découragent de la danse, de l'équitation ou du piano, une fois passée la période instinctive, une fois conscients du travail à accomplir et des souffrances à endurer !

L'objectif, durant cette phase d'apprentissage est simple et clair : permettre au collaborateur d'acquérir la maîtrise des gestes décisifs (les fondamentaux déjà évoqués plus haut). On parle ici d'autonomie basique. Contrairement au débutant, toujours accompagné dans l'action, le collaborateur est ici seul dans la mise en œuvre de l'action. Les séquences de temps sont encore très courtes, puisqu'il s'agit d'enseigner les gestes décisifs les uns après les autres. Il est ainsi nécessaire de découper la réalisation de la mission en tâches, de façon à pouvoir faire découvrir, dans chacune de ces tâches, les fondamentaux. Idéalement, l'accompagnement reste focalisé sur la même tâche, tant que la maîtrise des gestes décisifs associés n'est pas satisfaisante.

Là encore, sous la pression du temps, les managers passent fréquemment trop vite sur cette étape, alors que ces fondamentaux constituent la base de toute pyramide de compétence : avant de prétendre élaborer des plans d'action (étage tactique), de vouloir réfléchir aux grandes orientations (étage stratégique) ou de viser de grandes performances (l'objectif, à la pointe de la pyramide), encore faut-il maîtriser les gestes décisifs à la perfection !

À ce propos, il doit y avoir ici une logique de répétition : l'acquisition de cette compétence « basique » implique de faire et refaire les mêmes gestes, dans des conditions de plus en plus difficiles et proches de la réalité (vitesse, enchaînement les uns aux autres, etc.). Dans l'univers du sport de haut niveau, dans la gastronomie, ou les unités d'élite, on considère même qu'il y a lieu de s'entraîner tous les jours sur ces gestes de base, y compris quand on est par ailleurs considéré comme un expert. L'entreprise, elle, passe souvent trop vite sur la phase d'acquisition des gestes basiques et pire : une fois trop rapidement passée dessus, elle n'y revient pas, considérant qu'un collaborateur compétent s'occupera ensuite de tactique, puis plus tard encore de stratégie. Il ne faudra alors pas s'étonner de voir « descendre » de temps à autre d'incroyables décisions stratégiques, ignorantes des fondamentaux du métier ! On ne sera pas non plus surpris de la connotation négative du mot « basique » : les gens intelligents et compétents s'occupent de stratégie… et laissent les exécutants ignares à leurs basiques !

L'autre erreur fréquente des managers, à ce stade de l'apprentissage, est de glisser trop tôt dans leur accompagnement la notion d'objectif et de résultat. Alors même que le seul enjeu, dans cette phase, est l'acquisition des bons gestes, l'exigence de résultat risque en effet d'amener le collaborateur à revenir à ses réflexes instinctifs pour atteindre l'objectif. Pour enseigner par exemple le service au tennis, il vaut mieux demander aux élèves de travailler dans le travers du terrain, ou face à la bâche du fond du court, pour les concentrer sur la qualité de leurs gestes : en se plaçant trop tôt en condition normale de jeu, ils cherchent inévitablement à envoyer la balle dans le carré de service – au risque bien souvent d'une gestuelle déséquilibrée et imparfaite dont ils auront bien du mal à se débarrasser ensuite. Toutes proportions gardées, le même mécanisme se joue parfois dans les entreprises...

Exemple

L'accompagnement commercial (épisode #2)

Après la période de suivi terrain du jeune commercial récemment intégré, consacrée à l'observation et à la prise de conscience des éléments clés à acquérir, a débuté la phase d'apprentissage des fondamentaux. Comment préparer un rendez-vous ? Comment réussir une bonne entrée en matière ? Comment prendre des notes en rendez-vous ? Comment repérer le bon moment pour « tendre le stylo au client » ?... Autant de gestes décisifs à découvrir, sur lesquels il y a matière à s'entraîner, par des mises en situations, au bureau, puis en rendez-vous, en demandant par exemple au collaborateur de lancer le rendez-vous pour l'entraîner sur l'entrée en matière, avant de reprendre ensuite la main pour la suite.

À chaque tentative, briefings et débriefings restent nécessaires, pour corriger immédiatement chaque dérive, jusqu'à atteindre un niveau de facilité, de fiabilité et d'efficacité dans l'exécution des gestes décisifs. Pendant cette période d'apprentissage, les choix tactiques et stratégiques, ainsi que la responsabilité de l'atteinte des objectifs reposent encore entièrement sur le manager : les briefings/débriefings restent donc assez directifs (avec un fort niveau d'exigence sur l'application des gestes). De ce fait, il est essentiel qu'en parallèle de cet accompagnement, le manager soit attentif à la valorisation des efforts et des progrès, indispensable à la mise en confiance du collaborateur.

■ Conscient/technique = autonomie tactique

Une fois les fondamentaux acquis, le collaborateur accède à une troisième phase de son apprentissage : il passe en autonomie « tactique ». L'objectif de l'accompagnement est alors d'aider le collaborateur à acquérir des compétences tactiques : savoir élaborer un plan d'action juste, dans des situations de plus en plus complexes.

La notion de résultat à atteindre commence à entrer en ligne de compte, comme indicateur permettant de juger de la pertinence du plan d'action choisi.

La fréquence des briefings/débriefings diminue : une fois le plan d'action élaboré (briefing), le collaborateur est autonome dans la mise en œuvre. Le débriefing, à la fin de la mise en œuvre du plan d'action, est bien sûr centré sur une double question :

1. Le plan prévu a-t-il été correctement appliqué ?
2. Si oui, a-t-il donné les résultats escomptés ?

Ces deux questions sont indissociables : beaucoup d'échecs, à ce stade, s'expliquent en effet d'abord par la non-application du plan d'action prévu ! Le collaborateur, ici encore, doit garder à l'esprit que sauf situation imprévue exceptionnelle, l'attente première que le manager a à son égard, est le respect de la tactique définie lors du briefing. La règle dite « Iacocca » (du nom de Lee Iacocca, ancien patron de General Motors) est à ce sujet, assez explicite : dans cette phase d'autonomie, un collaborateur qui décide finalement d'appliquer un plan d'action différent de celui qu'a validé son manager, se retrouve de fait en obligation de résultat. S'il fait le choix de respecter le plan prévu, il est en obligation de moyens – c'est son manager, qui a validé le plan d'action, qui porte la responsabilité de l'atteinte du résultat.

Pendant cet accompagnement « tactique », le collaborateur acquiert donc un niveau de compétence croissant. Il devient technique, sur le schéma de Dilts, mais reste pour l'instant « conscient » : l'application de ce qu'il apprend exige encore des efforts conscients, tant sur l'aspect tactique (qu'il est en train d'acquérir) que sur la dimension basique (sur laquelle, en dépit de la répétition des gestes décisifs pratiquée lors de la phase précédente, il lui faut encore rester vigilant).

Durant cette période, l'enjeu est d'amener le collaborateur à se confronter à des situations simples d'abord (les 20/80, les 20 situations qu'il va rencontrer 80 % du temps). Une fois les compétences tactiques consolidées dans ces 20/80, les briefings/débriefings pourront s'orienter vers des situations plus complexes, en veillant toujours à apporter au collaborateur une assistance sur les choix tactiques : c'est bien la validation du plan d'action (donc le partage de la responsabilité de l'atteinte du résultat) qui continue de caractériser le niveau d'apprentissage « tactique ».

Bien entendu, même si le manager valide le plan d'action, les briefings/débriefings deviennent, contrairement à la phase précédente, beaucoup plus ouverts. En l'occurrence, le manager attend que le collaborateur propose des options tactiques : pour certains d'entre eux, naturellement engagés et force de proposition, cette ouverture est une bonne nouvelle. Pour d'autres, moins confiants, ou habitués peut-être au confort d'une assistance opérationnelle systématique, cette attente sera plus difficile à satisfaire : dans ce cas, le manager doit insister auprès du collaborateur, refuser de lui donner un plan d'action et l'inviter à en proposer systématiquement un.

Exemple

L'accompagnement commercial (épisode #3)

Pour notre jeune commercial, l'accompagnement tactique consiste maintenant à élargir les séquences de temps pendant lesquelles il se trouve autonome.

En l'occurrence, un rythme quotidien peut être mis en place dans un premier temps. Chaque matin, le manager propose un briefing, lors duquel sont préparés les différents rendez-vous de la journée à venir (objectif/plan d'action/rappel des fondamentaux) : sur chaque rendez-vous, la question posée est la même : « comment comptes-tu t'y prendre ? », demande le manager. Le plan d'action proposé en réponse est ensuite écouté attentivement et jusqu'au bout par le manager.

Ce dernier valorise les points jugés pertinents dans cette proposition, avant de questionner le collaborateur sur les points fragiles ou les zones d'ombre du plan qu'il a élaboré. L'idée ici est de faire réfléchir le collaborateur : « pour quelle raison fais-tu ce choix ? »,

• • •

« qu'en attends-tu ? », « que va-t-il se passer si tu fais cela ? », etc.
Une fois modifié et enrichi, le plan est repris chronologiquement, et validé définitivement.
Chaque soir, un débriefing permet d'analyser la journée, de revenir évidemment sur les différents rendez-vous, donc sur l'application des plans (difficultés éventuelles, oublis, erreurs, etc.) et sur leur efficacité (atteinte des objectifs visés).
Au fil des jours, compte tenu de la répétition des situations, les briefings/débriefings quotidiens ne ciblent plus que les situations nouvelles ou à fort enjeu, avant de devenir hebdomadaires : un point de début de semaine permet alors tout à la fois de débriefer la semaine écoulée « à froid » (« à chaud », chaque jour, le manager continue à valoriser...), et notamment les situations difficiles, puis de préparer la semaine à venir (les situations nouvelles ou à fort enjeu).
Dans cette mécanique hebdomadaire, le collaborateur s'inscrit déjà en partie dans le niveau d'autonomie supérieur (dès lors qu'il rencontre des situations « classiques »), tout en restant encore en autonomie tactique pour les situations nouvelles ou à fort enjeu.
Idéalement, le manager met en place, au-delà de ce rythme hebdomadaire, des entretiens à fréquence mensuelle : avec plus de recul encore, ils permettent de faire le point sur la progression du collaborateur, les points forts et les points de vigilance qui se dégagent de ces premières expériences.

■ Inconscient/technique = autonomie stratégique

Dans cette dernière phase, le collaborateur possède les compétences basiques et tactiques nécessaires à l'accomplissement de sa mission. Il sait maintenant faire face à la plupart des situations possibles, en restant à la fois solide, discipliné et précis dans l'exécution des gestes décisifs, et à la fois souple, agile, créatif dans ses choix tactiques. Avec l'expérience et la pratique, à force de répétition, ces compétences sont devenues des automatismes : il les mobilise de façon inconsciente. C'est bien d'ailleurs pour cette raison qu'il réussit à faire preuve de créativité, de souplesse, de faculté d'adaptation lorsqu'il est dans l'action : la gestion « automatique » de l'exécution « libère » du temps de cerveau, qu'il peut consacrer au développement d'une plus grande attention au décodage de la situation qu'il vit et à l'invention de réponses appropriées. Parce qu'il n'a plus à se concentrer sur l'application de son geste (effort conscient, tourné sur soi), il peut gagner en attention sur son environnement et voir ce qu'avant il ne pouvait voir.

L'accompagnement, dans cette phase d'autonomie stratégique, s'articule logiquement autour de trois principes :

1. Le collaborateur devient responsable du résultat. Il s'inscrit dans une logique d'obligation de réussite (et non seulement, comme jusque-là, dans une obligation de moyens). À lui de choisir la stratégie, de jouer les plans d'action qu'il veut… dans le respect toutefois des Fondamentaux et des règles du jeu de comportement (savoir-être). Le risque en effet majeur, avec cet « expert », est de le voir dériver de ses basiques (tant sur le plan technique, les gestes décisifs, que sur l'aspect comportemental, les règles du jeu) : tendu vers l'atteinte du résultat, ou trop sûr de lui, l'expert peut en effet être tenté de « prendre des raccourcis ». C'est la raison pour laquelle, malgré le niveau d'autonomie atteint par ce collaborateur, il faut maintenir des rendez-vous d'accompagnement, a minima 1 fois par mois, pour s'assurer que l'expert n'est pas en train de devenir plutôt un « mercenaire ».

2. À l'évidence, les briefings/débriefings, à ce stade, ont un caractère éminemment ouvert : on attend de l'expert qu'il soit capable d'opinions stratégiques, de créativité sur les tactiques, ou de propositions d'amélioration sur les Fondamentaux. Attendre qu'il respecte les gestes décisifs n'exclut pas, bien sûr, qu'il propose de les faire évoluer, et qu'avec l'aval du manager, il expérimente de nouvelles façons de faire.

3. Un collaborateur ayant atteint ce stade d'autonomie est donc supposé capable de délivrer la performance attendue. Cela implique qu'en l'absence de résultats, il se retrouve de fait, en niveau d'autonomie tactique : concrètement, après un échec (à plus forte raison quand les échecs se répètent), le manager accroît la fréquence de l'accompagnement, et focalise à nouveau ses briefings/débriefings sur le plan d'action. Il est important de souligner qu'il ne s'agit en rien d'une sanction déguisée, mais seulement d'une assistance

momentanément accordée à un collaborateur en difficulté de résultat (laquelle peut être liée à l'accroissement des enjeux, à la complexité croissante de la mission, à une panne de confiance en soi, une période de fatigue, etc.). Dans de nombreux cas d'ailleurs, le collaborateur demande de lui-même une assistance plus grande dans ce type de circonstances : cette initiative est une preuve de sa maturité – tranchant avec l'attitude « inconsciente » de certains « experts » négatifs (en doute) qui, dans la même situation, incapables de se remettre en cause, rejettent la faute des échecs sur les autres (le client, leurs collaborateurs, l'Europe, la Grèce, les fonctionnaires, la mondialisation, le gouvernement, les fonds de pension américains, la finance internationale...).

Dans un rythme *a minima* mensuel, l'accompagnement stratégique doit donc à la fois suivre l'atteinte des résultats et le respect des exigences de base. Il est aussi bien sûr l'occasion, de façon posée et « à froid » d'entendre le collaborateur expert, sur ses ressentis, ses motivations, mais aussi ses idées, ses propositions, sa vision. Ces entretiens mensuels débordent donc largement du cadre opérationnel, répondant ainsi aux attentes légitimes des experts : eu égard à leur expérience, à leur niveau de compétence et de performance, ils aspirent à pouvoir occuper une place privilégiée au sein de l'équipe. Leur permettre de se faire cette place, c'est leur accorder de l'attention (être reconnus, exprimer leurs opinions, se sentir valorisés...) et faire appel à leur implication (porter des projets, prendre des initiatives, innover...).

Pour terminer, soulignons justement, qu'en acceptant de confier à l'expert de nouvelles missions, en le laissant prendre en charge des projets, le manager lui ouvre de nouveaux espaces d'apprentissage. Sur ces nouvelles missions ou ces projets à mener, le collaborateur se trouve à nouveau en phase basique ou tactique – ce qui, en terme de motivation, présente un avantage certain : l'apprentissage évite l'installation de la routine dans laquelle pourrait s'installer l'expert.

Exemple

L'accompagnement commercial (épisode #4)

Devenu vendeur expérimenté, le commercial que nous suivons a acquis une qualification de « tout-terrain » : il sait maintenant gérer avec brio les situations commerciales les plus délicates.

Ses résultats sont d'ailleurs en croissance sur ces derniers mois, comme en atteste le suivi qu'en fait son manager lors des points mensuels : une fois par mois, en effet, le manager se déplace jusque dans le secteur de ce vendeur, pour une journée mêlant des rendez-vous client (endroit rêvé pour vérifier l'application des basiques), un point rituel formel (chiffres, faits marquants...) et des échanges très ouverts, sur l'évolution du métier, la stratégie de l'entreprise, les pistes de développement produit, etc.

De temps à autre, le commercial sollicite l'assistance de son manager, pour débriefer une situation difficile, ou préparer ensemble un rendez-vous délicat.

Dernièrement, il s'est vu confier deux nouvelles missions. La première consiste à parrainer les deux derniers commerciaux embauchés : aidé par son manager, il doit mettre en œuvre l'accompagnement permettant de les amener, dans les six mois qui viennent, en autonomie tactique. La seconde mission consiste à participer à l'équipe projet chargée de concevoir puis déployer la nouvelle version du CRM sur l'ensemble du territoire : là aussi, manager et collaborateur ont convenu de se voir à fréquence régulière pour briefer/débriefer la participation du collaborateur à ce projet et lui permettre d'acquérir rapidement des compétences de contributeur projet (avec la perspective, pourquoi pas, de devenir à terme, chef de projet).

Le décalage accompagnement/niveau d'autonomie

Identifier le niveau d'autonomie du collaborateur est donc essentiel pour renseigner sur l'accompagnement à mettre en œuvre.

Si l'accompagnement proposé au collaborateur est trop large au regard de l'autonomie du collaborateur, il en résultera un grand risque d'erreurs et d'échec, la persistance d'incompétences sur certains points ou encore un haut niveau de stress chez le collaborateur. Le plus pervers dans ce cas réside dans l'ultime conséquence qu'aura ce manque d'accompagnement : le manager en conclura que le collaborateur a sans doute atteint son seuil d'incompétence... Le célèbre Principe de Peter[1], si souvent invoqué dans les entreprises, justifie et masque parfois l'incapacité du manager à faire grandir ses collaborateurs !

Dans d'autres cas, l'accompagnement proposé par le manager se révèle trop serré, ne laissant pas suffisamment d'autonomie au collaborateur. Ce décalage peut engendrer des situations de conflit, le collaborateur affirmant des velléités d'autonomie (choix des plans d'action, prise d'initiatives...) systématiquement contrées par son responsable. Il peut aussi, à l'inverse, en résulter un comportement passif du collaborateur qui, ravi de ne pas avoir à prendre d'initiatives et de responsabilités, profite du confort de sa position d'exécutant, attendant tous les jours, les ordres et consignes de son manager.

À l'idéal donc, et très pratiquement, le manager peut se caler sur les repères suivants :

1. Considérer systématiquement que tout collaborateur nouvellement recruté est, jusqu'à preuve du contraire, dans un niveau d'autonomie nulle (inconscient/instinctif). Durant les premiers jours de son intégration, il se contentera d'observer, accompagné étroitement par son N+1 ou son « parrain » (un collaborateur plus ancien en charge de son intégration). Les entretiens de briefing/débriefing, dans cette première période, permettront d'évaluer son réel niveau d'autonomie, au regard des axes de la Roue de Dilts : est-il conscient ou inconscient ? Instinctif ou technique ? Basique, tactique ou stratégique ?

2. Une fois le diagnostic posé (non pas globalement, mais bien mission par mission), un plan d'accompagnement peut être bâti avec le collaborateur, précisant l'axe prioritaire de travail (sur quelle mission souhaite-t-on d'abord le faire progresser ?), le niveau du travail à réaliser (acquisition des basiques, compétence tactique...), le rythme de l'accompagnement (systématique, quotidien, hebdo...) ainsi que les règles du jeu devant régir cet accompagnement : l'engagement du collaborateur dans ces temps de briefing/débriefing, les attendus selon le niveau d'autonomie défini, etc.

1 Laurence J. Peter et Raymond Hull, *Le principe de Peter*, Stock, 1970.

3. Au-delà de cet accompagnement (centré sur une mission d'abord, sur une autre ensuite...), un entretien mensuel s'ajoute en parallèle (comme pour chaque collaborateur, quel que soit son niveau d'autonomie). Cet entretien, déjà évoqué ci-dessus, permet d'échanger sur la façon avec laquelle le collaborateur vit son travail, l'équipe, le management, etc.

4. Pour faciliter la gestion de son planning, le manager bloque des plages fixes dans son agenda : tous les mardis après-midi par exemple sont consacrés aux différents temps d'accompagnement qu'il a avec ses différents collaborateurs. Ces plages sont connues de tous : l'équipe sait donc qu'il y a des moments privilégiés pour obtenir l'assistance du N+1. C'est une manière d'amener les collaborateurs à anticiper et donc aussi à adopter une attitude plus proactive en matière d'accompagnement : ne pas attendre que les problèmes se posent pour demander de l'aide, mais prendre un moment avant pour se préparer plus complètement à aborder les situations délicates.

L'entretien annuel de développement

La plupart des entreprises ont mis en place un entretien annuel. Dit de développement, de progrès, d'évaluation, selon les endroits, il est présenté, selon l'expression consacrée, comme un « temps d'échange privilégié » entre le manager et le collaborateur, invité à s'exprimer largement sur ses satisfactions/insatisfactions, plaisirs/frustrations, souhaits/regrets... sauf sur la dimension salariale (faut pas pousser quand même !). Tout en évitant soigneusement donc le sujet de la rémunération, il convient, dans un temps limité (1 h 30 à 2 h maximum, disent souvent les spécialistes), d'aborder pêle-mêle : le bilan de l'année écoulée, la tenue du poste, l'évaluation des compétences du collaborateur selon la grille en vigueur, l'atteinte des objectifs, les points forts et les axes de progrès, la fixation des objectifs pour l'année à venir, les indicateurs de progrès, les besoins en formation et en accompagnement, les souhaits d'évolution... le tout dûment inscrit noir sur blanc sur un support signé par les deux parties ! Top chrono...

Ajoutons au tableau déjà bien rempli, qu'en l'absence d'accompagnement séquentiel en cours de route, cet entretien est, en pratique, l'unique moment d'échange non opérationnel de l'année : seule occasion de l'année de faire le point sur les compétences du collaborateur (au-delà de l'assistance opérationnelle plutôt centrée sur les enjeux quotidiens), seule occasion de revenir sur les succès ou au contraire les échecs marquants, seule occasion d'espérer être valorisé (même si, « à froid », ça fait un peu réchauffé, c'est tout de même bon à prendre !), seule occasion de parler développement de compétences et de carrière, seule occasion de parler salaire (ah non, j'oubliais, c'est vrai...). Bref, beaucoup abordent cet entretien avec un mélange de crainte et d'impatience : c'est le syndrome du « maintenant ou jamais ». Tout se joue à l'entretien annuel !

Cela explique qu'alors même qu'il s'agit, selon le vocable managérial officiel d'un « temps privilégié d'échange », managers et collaborateurs sont nombreux à redouter l'exercice – au point que les DRH mettent la pression sur le pourcentage d'entretiens réalisés, indicateur censé refléter la bonne qualité du management !

Sortir de ce mauvais engrenage, c'est resituer l'entretien annuel pour ce qu'il doit être : le point d'orgue de l'accompagnement séquentiel mis en œuvre tout au long de l'année – et, au-delà du seul sujet de l'accompagnement, de tous les aspects de la relation managériale. Pour le dire différemment, ce rendez-vous annuel ne devrait être que le partage de la synthèse de tout ce que manager et collaborateur se sont dit durant l'année. Dans un bon entretien annuel, il n'y a pas de place au scoop : personne ne découvre quoi que ce soit.

Reprenons les axes abordés dans les chapitres précédents :

- La relation (axe A) se joue au quotidien, tant dans la dimension Considération (posture 1), que dans l'aspect Sanction (posture 2). La considération est une préoccupation pour le manager, chaque jour : il est évident qu'on ne peut attendre l'entretien annuel pour s'en souvenir ! Même chose pour l'éventuel recadrage en cas de hors-jeu : la sanction de la micro-dérive suppose forcément une intervention rapide. Et reprocher, dans un entretien annuel, une dérive remontant à plusieurs mois n'a assurément aucun sens. C'est dire donc, qu'à l'entretien annuel, il est trop tard pour agir. Tout juste peut-on s'exprimer mutuellement sur la façon avec laquelle chacun vit cette relation – et encore, certainement serait-il beaucoup plus judicieux de se le dire en cours de route, sans attendre.

- L'axe Implication (axe B), lui aussi, suppose essentiellement des échanges quotidiens, tant sur la Concentration (posture 3) qui oriente les efforts de chacun, que sur la Vision (posture 4). Attendre l'entretien annuel pour parler de fondamentaux, de vision ou de valeurs paraît décalé. Là aussi, l'entretien peut permettre, avec du recul, d'échanger sur ce que les deux parties ont vécu durant l'année écoulée autour de ces thèmes.
- L'axe Progression (axe C), dans ses deux dimensions, de Confiance (posture 5) et de Compétence (posture 6) suit le même principe. La mise en confiance exige des efforts de valorisation qui n'ont de sens qu'« à chaud », donc au fil des engagements quotidiens du collaborateur. Au mieux, l'entretien peut permettre « d'en remettre une couche » qui « n'accrochera » que s'il y a eu tous ces encouragements quotidiens en cours d'année. Le développement des compétences, enfin, nous venons d'y consacrer ce chapitre, est l'affaire d'un accompagnement régulier, au plus proche du « terrain » et de l'action : sans cet accompagnement régulier, parler de compétence risque de se limiter à une discussion stérile et vide, autour des grands mots flous des grilles d'évaluation, pour savoir dans quelle colonne placer la croix de la ligne « sait être force de proposition » ou de la ligne « sait animer son équipe » !

L'entretien annuel est donc bien, à l'idéal, ce « temps d'échange privilégié » qui est si souvent « vendu » aux équipes... à la condition d'intervenir en synthèse d'une relation managériale parfaitement posée dans toutes ses dimensions. S'il y a frustrations, non-dits, manque de considération, hors-jeu non sanctionnés, absence ou insuffisance d'accompagnement... l'entretien risque de devenir un moment de mise au point délicat, stressant et bien souvent démotivant, à moins qu'il ne reste qu'un moment superficiel dans lequel chacun se garde bien, une fois de plus, d'aborder les vrais sujets.

En conclusion de ce dernier axe, déterminant la mise en progression du collaborateur, rappelons qu'il implique pour le manager de savoir concilier deux dimensions (Confiance et Compétence) évidemment complémentaires (si l'on respecte les principes et modalités de leur mise en œuvre), mais potentiellement contradictoires lorsqu'on s'en remet à nos mauvais vieux réflexes, notamment celui consistant à toujours vouloir faire prendre conscience à l'individu, « à chaud » qui plus est, de ses erreurs, échecs, oublis, axes de progrès, manques, incompétences, etc.

Une mauvaise image pourrait comparer l'individu à une voiture : développer ses compétences reviendrait à accroître la puissance du moteur... qui, toutefois n'est qu'un investissement vain, sans le carburant qui en permet le fonctionnement. Ce carburant représente bien sûr ici la confiance en soi dont nous avons parlé dans la posture Valorisation (*cf.* le chapitre 8). On connaît des Renault Fuego qui, malgré leur petite cylindrée et leurs 200 000 kilomètres au compteur, continuent d'avancer avec enthousiasme, doublant parfois une Ferrari rutilante mais arrêtée sur la bande d'arrêt d'urgence faute d'essence !

Et pour les malheureux qui n'auraient, autour d'eux, que des Renault Fuego en panne sèche, le plus sage est de reprendre la lecture de ce livre depuis le début !

Mouton à six pattes : voilà le drôle d'animal que se doit d'être le manager ! Capable de tout et son contraire, on attend de lui qu'il prenne le plus grand soin de ses collaborateurs (Considération), tout en sachant faire preuve d'autorité au moindre écart (Sanction). On le veut attentif et exigeant sur les détails, passionné par les fondamentaux du métier et intransigeant sur leur respect (Concentration), mais aussi capable de faire rêver son équipe, de l'élever vers des valeurs, des projets, des idéaux (Vision). On lui demande de valoriser les efforts, les progrès, les résultats de ses collaborateurs (Valorisation) tout en sachant, en parallèle, élever leur niveau de compétence (Formation)...

De fait, l'expérience montre que ces six dimensions sont indissociables d'un management ou d'une relation motivante. Si l'une de ces conditions est absente, la relation se dégrade et avec elle, la logique d'envie décrite en première partie de ce livre.

À l'évidence, aucun individu ne peut « naturellement » posséder toutes les qualités (et leurs contraires en même temps) nécessaires à la pratique exemplaire de ces six axes. Personne n'est à la fois doué de qualité d'empathie par exemple (précieuse dans la posture Considération)... et d'affirmation de soi (utile lorsqu'il s'agit de Sanction). Ou encore du goût pour le détail (analytique, appliqué, structuré) (Concentration) et en même temps d'une grande créativité, d'un esprit de synthèse (Vision).

Si, dans les pages qui précèdent, au fur et à mesure de la lecture des différentes postures, vous avez répondu aux autodiagnostics présentés, vous avez peut-être commencé à partager le constat que, malgré vos efforts (je valorise...), vous n'étiez pas (encore) bon dans toutes les dimensions !

Bref, on s'en doutait un peu : le mouton à six pattes n'existe pas à l'état naturel !

Peut-on devenir ce « monstre » ?

Faut-il chercher à acquérir les qualités qui nous manquent ?

Comment se rapprocher du « modèle » ?

Doit-on devenir « plus » quelque chose quand on est « trop » le contraire ?

Finalement, est-il vraiment possible de progresser en matière de management ?

« Ne crois-tu pas, qu'en fait, certains naissent "manager" et que, pour d'autres au contraire, tout espoir de le devenir est perdu d'avance ? », avancent de nombreux managers croisés au fil de nos interventions en entreprise, certains par avance de la réponse induite dans la formulation même de leur question !

De fait, malgré les démarches de coaching, les multiples formations, les lectures de livres, d'articles de presse spécialisée, les consultations de blog, reconnaissons que certains managers continuent années après année de désespérer leurs équipes, leur N+1 ou le DRH qui tente de les faire progresser...

Sans doute y a-t-il, parmi eux, des cas difficiles pour lesquels il est plus raisonnable, en dernier recours, de s'en remettre à Sainte Rita[1]. Mais, avant cela, constatons qu'en dépit des bonnes intentions du N+1 ou du DRH, la voie de progrès dans laquelle le manager a été engagé est souvent la mauvaise : généralement sommé de travailler sur ses points faibles, envoyé en formation sur ses points faibles, piloté de près sur l'amélioration de ses points faibles... le manager a fini par s'éloigner de ses forces. Le diagnostic est sans appel : non seulement il est toujours faible sur ses points faibles, mais en plus il devient de moins en moins fort sur ses points forts ! Décidément, pourra-t-on finalement en conclure : il n'est vraiment pas fait pour manager !

Et si, pour progresser – en management, comme d'ailleurs dans toute autre activité – on acceptait, enfin, de faire travailler les individus sur leur point fort ?

C'est à ce paradigme que nous allons consacrer la troisième et dernière partie de ce livre.

L'essentiel

En apprenant à distinguer les différents niveaux de compétence de ses collaborateurs, dans leurs missions respectives, le manager propose un accompagnement adapté (autonomie laissée/assistance apportée).

1 Rita de Cascia (1381-1457), canonisée en 1900 par le Pape Léon XIII, est la sainte patronne des causes désespérées, des choses impossibles... et des femmes mal mariées (!).

- **Au-delà des nécessités d'un accompagnement** opérationnel (centré sur l'activité), le manager met en place un accompagnement individuel séquentiel (dont la fréquence matérialise l'autonomie laissée).
- **Lors de ces temps de briefing et de débriefing,** il aide chaque collaborateur à construire la voie de progrès la mieux adaptée possible à ce qu'il est (en fonction de ses points forts/points faibles).
- **Chaque année, l'entretien annuel intervient** comme une synthèse de l'accompagnement mis en œuvre tout au long de l'année.

AUTODIAGNOSTIC

Suis-je un manager « professionnalisant » ?

☐ Quand un collaborateur vient me faire part d'une difficulté qu'il rencontre dans son travail, je ne réponds jamais par une solution, je lui demande systématiquement ce qu'il compte faire.

☐ J'ai mis en place des entretiens individuels à fréquence régulière avec mes collaborateurs.

☐ Il m'arrive très régulièrement de déléguer certaines de mes missions à des collaborateurs.

☐ Mes collaborateurs viennent fréquemment me voir pour que je les aide à préparer des situations délicates qu'ils vont devoir gérer.

☐ L'entretien annuel est un exercice que j'apprécie particulièrement.

☐ En cours d'année, à l'occasion de points opérationnels, il m'arrive souvent de revenir avec mes collaborateurs sur des axes de progrès individuels, évoqués lors de leur entretien annuel.

☐ Quand je suis en vacances, je suis rarement dérangé par mes collaborateurs.

☐ Mes collaborateurs connaissent leurs points forts et leurs points faibles : nous en parlons notamment lors de leur entretien annuel.

☐ J'aime que mes collaborateurs viennent me proposer de nouvelles idées : plans d'action, autres façons de faire, innovations…

☐ Dans mon planning de manager, je consacre plus de temps au suivi individuel qu'aux temps collectifs.

Si vous validez une majorité de ces affirmations, vous êtes manifestement un manager attentif au développement des compétences. N'hésitant pas à dépasser le stade de l'accompagnement opérationnel de l'équipe, vous consacrez du temps à comprendre comment chacun fonctionne et vous vous efforcez de l'aider à progresser. Ne vous jugeant pas indispensable, vous cherchez naturellement à mettre en autonomie vos collaborateurs, usant à bon escient de la délégation.

Si, au contraire, vous ne vous êtes pas reconnu dans ces affirmations, c'est que vous êtes probablement un manager encore plus centré sur l'activité que sur les individus. Adepte du contrôle, vous hésitez à déléguer vraiment et vos collaborateurs d'ailleurs, ne semblent pas disposés à prendre davantage d'autonomie. L'erreur serait certainement de vouloir déléguer trop et trop vite. Appuyez-vous d'abord sur vos collaborateurs les plus expérimentés : confiez-leur une mission pour commencer, en vous obligeant à fixer un planning de briefing/débriefing évitant toute ingérence de votre part pendant l'action.

Grille d'autoévaluation des six postures

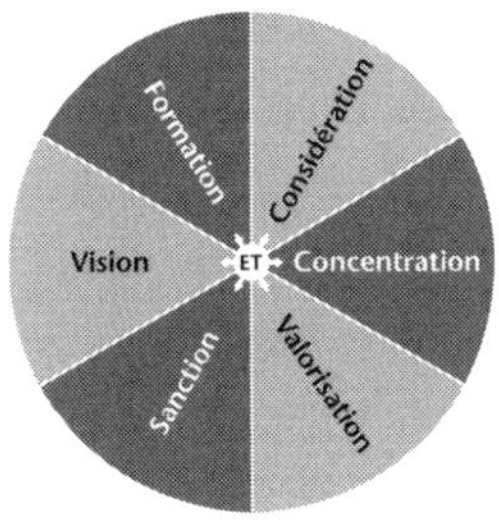

À la lecture des éléments décrivant les six postures de management, et au besoin en vous inspirant des questions d'autodiagnostic proposées à la fin de chaque chapitre, faites ressortir vos points forts et vos points faibles, en essayant de vous attribuer une note de 0 à 10 sur chaque posture (0 = je suis totalement incapable d'incarner cette posture ; 10 = je l'incarne pleinement et naturellement).

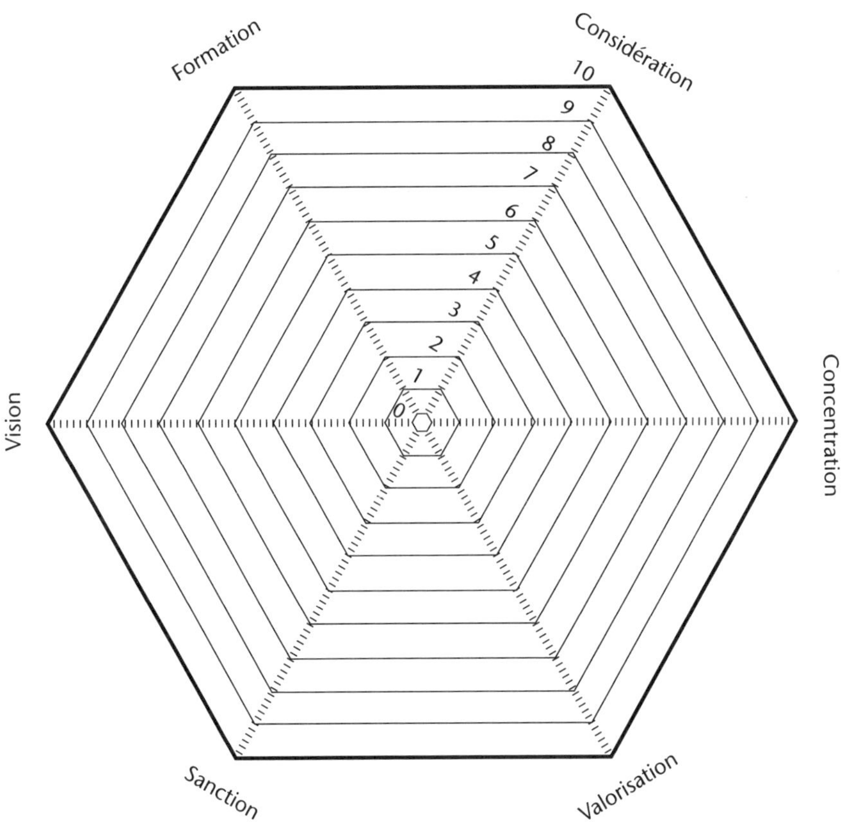

Partie 3

Le point fort, moteur du progrès

« Le plus grand bien que nous faisons aux autres hommes n'est pas de leur communiquer notre richesse, mais de leur révéler la leur. »

Louis Lavelle, *L'Erreur de Narcisse* (1939)

Et si on arrêtait de vouloir travailler ses points faibles ? Appelé à prendre conscience de ses défauts, de ses manques, de ses imperfections, comme s'il était coupable de quelque chose de mal, le manager est sommé de se corriger : il doit impérativement, s'il veut grandir, travailler ses points faibles.

Pourtant, le chemin est difficile : beaucoup abandonnent, ne parvenant pas à changer et ceux qui réussissent malgré tout, s'entendent souvent reprocher justement… d'avoir changé !

Point fort et point faible ne sont en réalité que les deux faces d'une même pièce : un manager est faible dans un domaine… parce qu'il est fort dans un autre. Et, le plus souvent, en cherchant à corriger sa faiblesse, il ne réussit en fait qu'à se décaler. En devenant un peu moins faible dans ce domaine, il prend le risque de perdre ce qui faisait sa force dans l'autre domaine !

L'injonction de travailler les points faibles repose en fait sur une fausse croyance : celle consistant à voir nos manques comme la seule cause de nos difficultés et de nos échecs… là où ils n'en sont que le symptôme. Le vrai problème, en management, comme dans d'autres activités, se situe en réalité du côté de nos points forts : c'est grâce à eux que nous avons progressé et réussi… et c'est à cause d'eux aussi que nous échouons (parce que nous avons cessé de les travailler, parce que nous nous sommes laissés emmener dans des situations dans lesquels ces points forts sont inopérants, etc.) !

Comment alors, construire un chemin de progrès qui exploite, valorise, accélère nos points forts, et nous emmène plus facilement, plus directement, vers l'affirmation de notre propre style de management ?

Chapitre 10

Travailler ses points faibles, mission (presque) impossible

Executive summary

- **Vouloir progresser sur ses points faibles** revient à lutter contre son naturel : beaucoup d'efforts, de doutes, de stress… pour peu de progrès !
- **Le premier risque consiste évidemment** de ne pas y parvenir : nombreux sont ceux d'ailleurs qui abandonnent et se recalent sur leurs points forts.
- **Mais il existe aussi un autre risque** : c'est d'y arriver ! Car réussir à corriger ses points faibles revient souvent à se décaler de ses points forts : l'individu devient alors un peu plus fort sur ses points faibles… mais beaucoup plus faible sur ses points forts !

Très tôt à la maison, à l'école, ou dans la pratique d'activités sportives ou artistiques, nous avons entendu nos parents, enseignants, moniteurs, professeurs... nous parler de nos défauts (vilains), de nos manques (« Tu es bien le fils de ton père ! »), de nos points faibles (« Tu verras, ça te jouera des tours plus tard... »)

À défaut (c'est le cas de le dire...) de nous donner confiance en nous, tous ces « managers » auront réussi à nous faire prendre conscience que nous n'étions pas parfaits – mettant ainsi une limite à nos rêves infinis d'enfants. Aller-simple du rêve au réel.

Confronté à ce cruel constat, il ne semble bien y avoir qu'une seule voie : celle consistant à tenter de venir à bout de ses défauts, d'améliorer ses points faibles, de combler ses manques, de repousser ses limites... Parce que, nous a-t-on souvent expliqué, nous échouons à cause de ces points faibles, il est logique de devoir les travailler ! Enfin débarrassés de nos défauts, nous devrions pouvoir réussir ce que nous avons toujours raté jusqu'ici.

C'est ce même bon sens apparent qui oriente, des années plus tard, le tour de table final des sessions de formation au management.

Exemple

La confession de fin de formation

L'un après l'autre, chaque participant, confesse son plus vilain défaut, dont il a « une fois de plus », précise-t-il, pris conscience :

Françoise explique qu'elle a compris à quel point elle manquait d'autorité, face à certains comportements hors-jeu de ses collaborateurs : à laisser les dérives s'installer, elle voit la cohésion de l'équipe se dégrader, elle perd en crédibilité et comprend qu'elle fait ainsi le lit de futures situations conflictuelles.

Denis confie qu'il n'est pas toujours à l'aise dans la relation individuelle avec les membres de son équipe : il réalise qu'à ne passer que très peu de temps à les écouter, ceux-ci doivent penser que leur manager n'a pas de considération pour eux. L'ambiance n'est pas bonne, raconte-t-il, et quelques tensions sont d'ailleurs récemment apparues.

Bernard se trouve trop dur avec son équipe : rarement valorisant à l'égard des efforts fournis par ses collaborateurs, exigeant la perfection jusque

• • •

• • • dans les moindres détails, il reconnaît multiplier les reproches. Il admet facilement les impacts de ces pratiques : les membres de son équipe doutent de leurs compétences voire d'eux-mêmes, le niveau de stress est élevé et les erreurs ne font que se multiplier.

À chacun ses manques... mais chacun a ses manques ! Pour le formateur satisfait de l'exercice de confession collective, ce tour de table est la promesse de reventes perpétuelles, d'accompagnement, de coachings, d'ateliers, de trainings destinés à corriger tous ces défauts !

Mais pour l'entreprise (qui finance) et le manager (qui subit), ces efforts annoncent déjà un résultat décevant : investir sur les points faibles est l'assurance d'un rendement tout aussi faible !

Seul le développement centré sur les points forts garantit un retour sur investissement fort.

J'aimerais ici vous expliquer pourquoi la stratégie des points faibles n'est pas la bonne et comment mettre en œuvre une dynamique de progrès efficace axée sur les points forts.

« Y'en a qu'ont essayé, ils ont eu des problèmes... »

Si devenir bon sur ses points faibles était facile, nous l'aurions déjà fait !... ne serait-ce que pour s'éviter ces innombrables reproches ou critiques prétendument constructives des managers de tout poil croisés depuis l'enfance.

Mais, voilà : un point faible n'est pas qualifié de « faible » pour rien. Ce n'est pas un domaine que j'aurais *oublié* de travailler. Ce n'est pas un problème de paresse ou d'inconscience. Un point faible est un domaine dans lequel il me faudrait avoir des qualités intrinsèques qu'en l'occurrence je ne possède pas (alors même bien sûr, que je suis naturellement à l'aise dans d'autres domaines, dans lesquels les qualités que je possède s'expriment pleinement : mes points forts).

Tel le général décrit par Sun Tzu dans *L'Art de la Guerre*, qui « sait que, pour son armée, il y a des champs de bataille qui sont des marécages », l'individu sait qu'il est parfois confronté à des situations en décalage avec ses talents « naturels », qu'il s'agisse de qualités physiques, de ressources mentales, de traits de personnalité. En mettant des guillemets autour de l'adjectif « naturel », je précise que ces talents semblent facilement mobilisables à l'individu, sans effort. Sont-ils réellement innés, inscrits dans les gènes ? Sont-ils en réalité acquis dès les premières années, dans la construction de l'enfant dans son rapport au monde ? Le débat reste ouvert et je ne me risquerai évidemment pas à trancher, car en dépit de son intérêt intellectuel, il n'est en réalité pas fondamental dans la perspective qui est ici la mienne. Innés ou acquis, ces talents sont là, et me font affirmer qu'aucun individu ne peut durablement réussir autrement qu'en les travaillant.

Chercher à devenir bon sur ses points faibles est donc profondément illusoire puisque cela revient à vouloir faire réussir l'individu sur un terrain pour lequel il n'est pas « équipé », à contre-nature. C'est faire le choix des efforts et des sacrifices, le choix du doute et du stress, de la démotivation et du découragement. C'est confronter l'individu au risque de l'erreur et de l'échec. C'est, *in fine*, l'enfermer dans une spirale d'auto-confirmation, les difficultés rencontrées attestant de la présence des « défauts » à l'origine même du choix de les travailler. CQFD : « Ces échecs sont bien la preuve qu'il faut travailler ces points faibles ! », finira par affirmer le N+1.

Pour l'individu, ces épreuves viendront appuyer, s'il en était vraiment besoin, la prise de conscience… jusqu'à risquer de générer un doute plus global sur ses capacités à progresser et réussir (au-delà du domaine de ses points faibles ; *cf.* le bilan doute/confiance abordé dans le chapitre 8). Renonçant à progresser, se posant désormais une limite devenue évidente, il pourra, à chaque difficulté, facilement invoquer son point faible. Comme dans beaucoup de situations, l'individu s'accommode des bénéfices secondaires : le défaut sert d'excuse difficilement contestable en toutes circonstances, permettant de justifier à bon compte les échecs – même quand la cause réelle est ailleurs.

Cas d'entreprise

Le point faible : une fausse excuse qui masque un vrai problème

Voici le cas d'un manager, appelons-le Marc, qui invoquait son incapacité à faire preuve d'autorité quand le DRH lui demandait d'expliquer les sources du conflit opposant l'entreprise à un des collaborateurs de l'équipe, Jean-Pierre.

Ayant conscience d'être « trop gentil », de manquer de fermeté, de ne pas suffisamment cadrer et encadrer son équipe, d'insuffisamment s'affirmer, Marc admettait sans peine son erreur : il aurait fallu « recadrer » les dérives de Jean-Pierre plus tôt, plus fermement.

L'excuse paraissait satisfaisante et finalement confortable : les formations que Marc avait suivies, le coaching dont il avait bénéficié, sur ce sujet, n'avaient pas donné les résultats escomptés. Mais au-delà de cette justification simpliste, la réalité était plus complexe : Jean-Pierre, dans l'équipe depuis plusieurs années, avait espéré être désigné comme responsable de l'équipe en question… avant que la direction ne se décide finalement à embaucher Marc pour lui confier ce poste de manager. Pourtant prévenu du piège, et malgré ses qualités relationnelles indéniables (son point fort), Marc avait préféré passer du temps avec d'autres membres de l'équipe, mieux disposés à son égard. La relation entre Marc et Jean-Pierre ne s'était finalement jamais vraiment établie, restant très superficielle et pleine de non-dits. Chaque jour passant, la motivation de Jean-Pierre diminuait lentement mais sûrement, le conduisant peu à peu à la marginalisation, puis à quelques premières dérives qu'effectivement Marc n'avait pas sanctionnées.

Dans cette histoire, l'excuse du défaut masque l'essentiel de l'origine du problème. Et comme souvent, l'origine du problème n'est pas le point faible…

Du côté du sport

Faisons à nouveau une incursion dans l'univers du tennis, où même de grands champions n'échappent pas au travers de l'excuse du point faible, tel ce joueur de haut niveau souvent trahi par son physique. Par ailleurs réputé pour posséder un incroyable talent dans le jeu lui-même et pour sa maîtrise de quelques coups imparables, ce champion semble avoir traîné son point faible comme un boulet. Malgré le travail physique réalisé, les victoires restaient rares et la confiance trop faible. À chaque défaite, les journalistes « repassaient une couche » sur l'insuffisante solidité physique. Le joueur lui-même, dans ses analyses d'après-match, invoquait son défaut, comme si ce point faible suffisait à tout expliquer. Indéniablement, quand certains matchs duraient, que l'adversaire réussissait à imposer de longs échanges, les limites physiques en question pouvaient handicaper le champion, l'amenant à craquer lors du set décisif. Dans ces rencontres en réalité, la défaite s'annonçait bien avant le dernier set, prenant sa source non pas dans le point faible du joueur, mais dans son incapacité ce jour-là à conclure les points tôt par des coups décisifs qui, pourtant, faisaient partie des atouts de ce champion.

Dans cette spirale des points faibles, deux mouvements s'entremêlent.

Le premier est opérationnel, pratique : il réside dans la difficulté pour l'individu de faire ce pour quoi il n'a pas les qualités requises. Il n'arrive pas techniquement à faire ce qu'il voudrait.

Le second mouvement est motivationnel : confronté à ce qu'il sait être son point faible, l'individu doute de lui et redoute l'échec. Il stresse, se tend, n'éprouve aucun plaisir dans l'action... diminuant d'autant ses chances de réussite.

Se renforçant l'un l'autre, ils finissent par mettre l'individu dans une situation d'échec personnel, polluant souvent très largement son état général.

Beaucoup ont renoncé...

Fort heureusement, dans beaucoup de cas, naturellement, nous finissons, malgré la persistance des exigences ou des reproches plus ou moins explicites, par sortir de ces spirales, en nous recalant, comme nous le pouvons, sur nos qualités « naturelles ».

Exemple

Le syndrome « T'inquiète pas ! Il sort de formation, ça lui passera ! »

C'est l'histoire que nous racontent beaucoup de ces participants, bien décidés, à la fin d'une formation au management, à travailler leur point faible. Croisés quelques semaines plus tard, ils nous font un récit souvent très similaire de leurs aventures. Dès le lendemain de la formation, disent-ils, animés de bonnes intentions, ils ont immédiatement mis en place les techniques manquant à leur management.

Harry par exemple, conscient d'être trop empathique, pas assez exigeant, a convoqué son équipe, lui infligeant un discours inédit sur les Fondamentaux, annonçant à ce sujet, son intention de devenir intransigeant sur leur application. Maladroit dans les mots, raide dans ses postures, stressé par cet exercice peu naturel et surjoué, il n'a pas perçu les réactions étonnées de ses collaborateurs : sourires, regards en coin, signes d'agacement pour certains... Réunie quelques minutes après à la machine à café, l'équipe finit surtout par en rire : « Chaque fois qu'il sort de formation, c'est la même histoire ! », plaisante un ancien, avant d'ajouter, rassurant : « mais je le connais, ça va lui passer ! ».

Et de fait, quelques jours après, l'attitude martiale du lundi matin n'est plus qu'un souvenir : l'un des plus proches collaborateurs du manager a livré un retour honnête sur cette fameuse réunion, expliquant l'incompréhension du reste de l'équipe et le risque de discrédit à poursuivre dans cette voie. « Tu nous as vraiment fait peur cette fois », avouera ce fidèle collaborateur à son manager un peu plus tard : « On a vraiment cru que tu avais changé ! »

Travailler ses points faibles, corriger ses défauts, réussir à faire ce pour quoi, manifestement, nous ne sommes pas faits, est difficile. Les erreurs, les échecs, les efforts à faire ainsi que le regard des autres sont autant de raisons qui nous amènent souvent à renoncer.

D'une certaine manière, nous pourrions nous réjouir de ces difficultés et du renoncement qu'elles génèrent souvent... Car la stratégie des points faibles, si nous parvenions à la mettre en œuvre jusqu'au bout, aurait une conséquence désastreuse : nous éloigner de nos points forts !

Le risque ultime : « perdre ses points forts »

Bâtie sur le classique diagnostic du « trop » ceci, « pas assez » cela, la stratégie des points faibles entreprend de corriger nos défauts, se donnant pour objectif de nous permettre d'acquérir une qualité manquante. Le manager « trop » gentil, se verra inviter à développer une plus grande affirmation de soi. Le manager, très expert, plutôt introverti, sera appelé à travailler ses « qualités de communicant ».

Outre la difficulté à y parvenir, déjà largement évoqué, cette logique d'un bon sens apparent, se révèle en fait mener l'individu à contre-sens. Qu'adviendrait-il de ce manager, hier « trop » gentil, s'il avait maintenant acquis la qualité qui lui manquait, s'il se révélait désormais capable de s'affirmer sans détour face à son équipe, une fois débarrassé de l'empathie qui le freinait ? Ses collaborateurs, au-delà du changement à accepter, auraient vite fait d'instaurer plus de distance dans la relation, comprenant qu'il devenait difficile de confier à ce « nouveau » manager, les ressentis qu'ils lui livraient hier en toute confiance. Certes ce manager aurait réussi à changer, devenant enfin ce manager affirmé qu'on lui demandait d'être... mais en s'éloignant de ce qui, jusque-là, faisait sa force, son plaisir, son influence : la proximité relationnelle entretenue avec son équipe.

Point fort et point faible ne sont en réalité que les deux faces d'une même pièce : l'individu possède un point faible... parce qu'il a un point fort. Il lui manque une qualité parce qu'il a en lui la qualité contradictoire. S'il manque parfois d'affirmation de soi (pour dire ce qu'il pense indépendamment du regard que les autres ont sur lui, sans se soucier de l'émotion qu'il risquerait de créer chez eux), c'est parce qu'il est doué d'empathie (une sensibilité aux émotions et au regard des autres, qui l'amène à vouloir avant tout les écouter, les comprendre et se synchroniser avec ce qu'ils ressentent). Évidemment, il y a des situations, dans lesquelles cette qualité « naturelle » est précieuse : c'est alors un point fort que de la posséder. Inversement, dans d'autres situations, cette même qualité est inutile, ou pire encore, amène à mettre en œuvre spontanément des comportements inefficaces ou inadaptés : c'est un point faible. Pour bien gérer ces dernières situations, l'individu aurait idéalement besoin de la qualité contradictoire à celle qu'il possède.

Comme nous venons de l'expliquer plus haut, acquérir cette qualité contradictoire s'avère difficile. Mais c'est aussi une piste dangereuse dans la mesure où cela revient ni plus ni moins à tenter d'abandonner sa qualité naturelle ! Pour l'individu, le contrat construit sur le développement des points faibles est perdant/perdant : il consiste à s'éloigner des points forts qui lui ont permis de réussir jusqu'ici, de prendre confiance en lui, d'éprouver plaisir et satisfaction... pour s'engager sur un chemin pavé de stress, de doute, d'erreurs et d'échecs. Drôle de contrat de progrès !

Comme l'aurait dit Régis Laspalès (qui s'y connaît en management, c'est évident...) : « Y'en a qui ont essayé et ils ont eu des problèmes... ». Ceux qui n'ont pas abandonné en route reconnaissent n'être finalement devenus qu'un petit peu plus forts sur leurs points faibles... mais beaucoup plus faibles sur leurs points forts ! Et tout cela avec plus d'effort, plus de stress et moins de plaisir...

L'essentiel

- **Si corriger ses points faibles était facile**, il y a bien longtemps que tout le monde l'aurait déjà fait ! Mais voilà : travailler ses points faibles revient à choisir un chemin difficile, semé de difficultés, d'erreurs et d'échecs.
- **Beaucoup abandonnent ce chemin** et ceux qui malgré tout persistent à le suivre finissent par se rendre compte que cette voie les entraîne dans une mauvaise direction : non seulement elle est ardue mais en plus, elle éloigne l'individu de ses points forts.
- **Miser sur ses points faibles** (ce qui, en dépit des efforts engagés, revient à « jouer à contre-emploi »), sans pouvoir compter sur des forces solides, s'avère être, à l'évidence, une stratégie aussi peu efficiente que motivante !

Chapitre 11

Travailler ses points forts, une stratégie efficiente

Executive summary

- **Dans toute activité, et en particulier dans le management,** chacun se construit d'abord sur un ou plusieurs points forts : ce qu'il fait instinctivement, facilement et efficacement.
- **Sur ses points forts, le manager dispose** à la fois d'un lieu de plaisir, de confiance, de créativité et d'amélioration, mais aussi d'un « avantage concurrentiel » : en jouant sur ses forces, il choisit d'affirmer une stratégie qui le distingue et le valorise.
- **Le manager se rendra compte** que s'il gagne sur ses points forts, c'est aussi à cause de ses points forts qu'il peut perdre ! En effet, les points faibles ne sont parfois que la conséquence de points forts oubliés ou négligés : à ne pas suffisamment travailler ses points forts, il prend le risque de rendre ses points faibles plus apparents.

Le point fort, un chemin de progrès facile, rapide et durable

Même si le mythe de l'être parfait a la vie dure, il nous faut bien admettre que les grandes réussites ne sont pas le fait de génies sans défauts. Qu'ils (ou elles) soient d'incroyables champions sportifs, de grands entrepreneurs, d'immenses artistes, ils se révèlent tous imparfaits, mais possèdent au moins un trait commun : ils ont misé sur leur point fort.

Miser ne consiste pas à se contenter du talent « naturel » qu'on possède… C'est choisir, résolument de le développer : se former, s'entraîner, acquérir des techniques de plus en plus poussées, créer, innover, tenter. Autant d'espaces à investir quand on a le talent initial, donc aussi le plaisir, l'envie, la confiance, la motivation. L'efficience, la rapidité des progrès, la maîtrise technique, la possibilité de création sont d'autant plus grands qu'il y a ces prédispositions « naturelles ». Invité à travailler et perfectionner ses points forts, l'individu s'engage rapidement dans une spirale, non plus négative comme lorsqu'il s'efforce à corriger ses points faibles, mais positive et durable.

Notons, au passage, que dans l'esprit français, bien souvent, le talent, au sens des prédispositions « naturelles » est considéré comme un don un peu magique, inexplicable, qu'il faut vénérer (*« remercie le ciel »*) en priant pour qu'il soit présent le jour où on en aura besoin. Il serait non seulement inutile de le travailler (puisqu'il est là !), mais surtout risqué : la technique pourrait abîmer le talent, en tout cas le rendre beaucoup moins romantique ! Au bout du compte – nos sportifs en sont parfois l'exemple criant – l'individu espère « avoir la chance d'être dans un bon jour »… là où d'autres, en face de lui, possèdent, en plus de leur talent, une technique irréprochable qui, même « les jours sans », garantit un niveau de jeu solide, à défaut d'être génial. Qui plus est, les « jours sans », les efforts consacrés aux points faibles sont inutiles : ce n'est pas dans ces moments-là qu'on peut tenter ce qu'on a déjà du mal à faire les jours fastes !

Miser sur son point fort, c'est choisir un chemin de progrès facile et durable : doué des qualités naturelles correspondantes, l'individu s'ouvre, en travaillant son point fort, des espaces de conquête immenses, un plaisir continu, une confiance de plus en plus solide, une reconnaissance sociale plus grande. Cette énergie rayonne au-delà de ce seul point fort et contribue à forger un état mental solidement positif, permettant à l'individu en question d'aborder plus sereinement les situations les plus compliquées pour lui (celles correspondant à ses points faibles).

Cas d'entreprise

« Plus la marée est forte, plus il faut nager dans son courant »

À titre d'illustration, voici l'histoire de ce Directeur Technique, rencontré il y a quelques années lors d'une mission d'accompagnement menée au sein d'une entreprise industrielle familiale, dirigée de main de maître par un Directeur Général à poigne. L'omniprésence du DG était telle qu'en interne, les salariés parlaient d'une organisation « Jacques a dit… », du nom de ce jeu enfantin dans lequel il ne faut exécuter les ordres que si « Jacques a dit… » ! La seule différence résidait dans le prénom du patron !

Fidèle parmi les fidèles, ce Directeur Technique, d'une quarantaine d'années, était arrivé dans l'entreprise des années auparavant, comme jeune ingénieur. De nature introvertie, très compétent sur l'aspect technique, il était vite devenu incontournable dans l'organisation, jusqu'à être nommé Directeur Technique et membre du CODIR.

Conscient de son omnipotence, le Directeur Général me fit venir un matin dans son bureau, m'expliquant qu'il souhaitait désormais préparer son propre départ bien à l'avance : il fallait dès maintenant habituer les administrateurs et les actionnaires à voir et entendre d'autres dirigeants que lui. Lors de la prochaine assemblée générale, il comptait, pour une fois, se mettre en retrait, pour laisser ses Directeurs intervenir sur les différents sujets stratégiques touchant à l'avenir de l'entreprise. Il allait falloir, conclut-il, que chacun soit à la hauteur ! « Je le leur ai dit, ils ont la

• • •

pression ! Si besoin, aidez-les à préparer leurs présentations : pour certains, la prise de parole n'est pas leur point fort… et il faut vite que ça le devienne ! », ajouta le DG en conclusion.
Le Directeur Technique était en effet sous pression : prendre la parole devant une assemblée nombreuse et sous les yeux de son DG (surtout !) lui paraissait être un défi colossal. L'échéance arrivant à grand pas, il me demandait, sans plus tarder, de se mettre au travail pour s'attaquer à ce qui, depuis ses plus jeunes années, l'avait handicapé : parler en public. Comment vaincre sa peur ? Comment gérer son stress ? Comment prendre confiance en soi face à une salle ? Comment s'exprimer clairement et se faire comprendre ? Comment passionner un auditoire exigeant ?… Il devait bien y avoir, pensait-il, des formations, des outils, des techniques, des livres, non ?
« Non, enfin oui mais non ! », me suis-je entendu lui répondre, en cherchant à échapper à la tentation si grande et si évidente de se jeter à corps perdu dans la stratégie du point faible. « Avant de travailler la prise de parole proprement dite, il faut qu'on cale parfaitement le fond : j'ai besoin que tu m'expliques exactement le contenu de ton intervention… »
Pour le coup, face aux explications détaillées du Directeur Technique, c'est bien moi qui étais sur mon point faible ! Schémas compliqués, slides écrits en caractères taille 8 défilaient sous mes yeux de profane. Mais au fur et à mesure de mes demandes d'éclaircissement, je voyais mon interlocuteur prendre de l'énergie : il maîtrisait parfaitement son sujet. Bien calé sur son point fort, il semblait même avoir oublié l'enjeu de nos échanges !
La première étape que je lui proposais, à la fin de ses explications passionnantes mais « touffues » était de travailler à l'élaboration d'une présentation PowerPoint autour de ses messages clés. L'amener à chercher une formulation simple, compréhensible, accessible à des non-spécialistes s'avérait indispensable mais aussi très formateur pour lui. Il avouait d'ailleurs y prendre plaisir, tant il avait à cœur de réussir à faire passer ses convictions sur un sujet qui le passionnait.
Dans un deuxième temps, je lui proposais de « tester » sa présentation auprès de ses collègues du CODIR, pour à la fois valider les slides et leur compréhension, et à la fois « se mettre le discours en bouche ». Les commentaires positifs de ses « cobayes » contribuèrent à assurer le Directeur Technique de la pertinence de sa présentation, par ailleurs enrichie de quelques remarques bien senties.

• • •

À quelques jours de son « Grand Oral », il semblait avoir pris confiance en lui : malgré le stress de la prise de parole, il était fier des supports et du discours que nous avions préparés, et me confiait même « avoir hâte d'y être ».
C'est dans la troisième et dernière étape de l'accompagnement que nous allions « rentrer dans le dur ». Nous étions la veille de l'Assemblée Générale : il n'était plus l'heure des grandes questions « métaphysiques » sur la prise de parole en public... juste le moment de caler quelques basiques simples pour gérer au mieux la situation. C'est au cours d'une répétition générale, dans la salle, que nous avons calé les détails : pupitre ou non, position sur l'estrade, tenue du micro, fiches pense-bête, etc.
Le jour J, une seule idée devait occuper son esprit : « Mes messages sont parfaitement calés. Je les connais parfaitement. Je sais qu'ils sont pertinents. Il y a juste à les partager l'un après l'autre. »
Ce jour-là, les commentaires furent unanimes. Personne ne vit en ce Directeur Technique un grand orateur, mais tout le monde reconnut qu'il avait été remarquablement structuré, clair et précis dans son discours. Même son DG eut un commentaire, qu'il fallait sans doute recevoir comme une valorisation : « Vous m'avez étonné, vraiment, vous m'avez étonné... », lui dit-il à la fin de l'intervention.

Le point fort, un atout stratégique indéniable

S'il est toujours plus pertinent de miser sur son point fort, c'est qu'il est beaucoup plus facile et plaisant de travailler dans l'alignement de ses qualités naturelles que de progresser sur ses défauts. Mais c'est également parce que, stratégiquement, en situation de compétition ou de concurrence, le point fort représente un atout de taille.

Miser sur son point fort, c'est aussi chercher à mener la bataille « sur son terrain », là où on se sait pouvoir disposer d'une supériorité indiscutable.

La notion de point fort est au cœur de la logique stratégique : qu'est-ce que la stratégie si ce n'est l'art de disposer ses ressources là où elles auront la plus grande efficience possible ?

Du côté du sport

On le voit dans l'univers sportif. Le tennis, par exemple, consiste à pouvoir « imposer son jeu » à l'adversaire, comme le dit l'expression consacrée. « Imposer son jeu », c'est construire la victoire sur ses points forts, en confrontant le joueur à des schémas tactiques dans lesquels on se sait fort. C'est ce que faisait, à l'époque, Pete Sampras, qui, avec la précision et l'effet de son service, la puissance de son coup droit et son adresse à la volée, enfermait ses adversaires dans des plans qu'il maîtrisait presqu'à la perfection. C'est, dans un style complètement différent, la stratégie de jeu de Gilles Simon. Moins puissant que d'autres joueurs dans ses frappes, moins athlétique que la plupart de ses adversaires, Gilles Simon a dû trouver sa force ailleurs. Ses atouts (vitesse de déplacement, sens tactique, solidité mentale) l'ont amené vers une stratégie qui, malgré ses points faibles, lui permet de rester depuis des années dans l'élite du tennis mondial (il possède le deuxième plus gros palmarès du tennis français derrière Yannick Noah). Cette stratégie consiste à renvoyer la balle plutôt au centre du terrain (pour éviter d'offrir à son adversaire des angles d'attaque trop prononcés), pour faire durer les échanges (le peu d'angles offerts et la vitesse de déplacement lui permettant de défendre efficacement son terrain), jusqu'à profiter d'un coup plus court de son adversaire ou d'une attaque manquée. Capable de faire « déjouer » les meilleurs, Gilles Simon, comme Fabrice Santoro en son temps, est un joueur craint par beaucoup des champions qu'il rencontre, non pas parce qu'il est le meilleur partout, mais bien parce qu'il s'est construit une stratégie qui exploite et valorise au mieux les qualités qu'il possède.

Dans le domaine du management, même si l'on parle plutôt de « style » de management que de stratégie, le principe est semblable. Les managers qui se connaissent bien, qui ont poussé leur point fort jusqu'à l'excellence, ont aligné leurs pratiques managériales sur leurs qualités. S'ils se savent empathiques, ouverts aux autres, ils passent beaucoup de temps dans les situations relationnelles : chaque minute passée avec leur équipe, non seulement leur apporte plaisir, énergie, confiance, mais par ailleurs a un impact très fort sur le niveau de motivation de leurs collaborateurs.

Avis d'expert

LUDOVIC SIMON, ancien membre du Groupe de Protection de la Gendarmerie, responsable de la cellule Renseignement et évaluation des risques

DANS UNE UNITÉ D'ÉLITE, QUE L'ON IMAGINE VOLONTIERS DISCIPLINÉE ET TRÈS ENCADRÉE, EXISTE-T-IL UNE PLACE POUR LE TALENT INDIVIDUEL ?

Il est vrai que l'on pense parfois à tort que la recherche d'un collectif fort se fait au détriment des individualités, ou, pour le dire autrement, que l'individu doit s'effacer au profit du collectif. C'est ne pas comprendre que le collectif n'a de valeur que par la complémentarité des individualités qui le composent. Un collectif efficient n'est pas qu'une juxtaposition d'individus juste « bons » dans tous les domaines. C'est l'alliance de personnes excellentes dans certaines spécialités. Prendre soin des compétences ou des talents individuels et les faire monter en puissance, c'est agir pour la qualité du collectif.

CONCRÈTEMENT, COMMENT CELA SE TRADUIT-IL ?

Les tests et entraînements visent entre autres à déterminer quels sont les points faibles d'un individu, et quels sont ses points forts ou aptitudes particulières, de sorte qu'on le placera ensuite en capacité de développer davantage ses points forts, sur lesquels le collectif capitalisera. D'un gendarme qui n'est pas très à l'aise en milieu aquatique, on ne s'obstinera pas à faire un plongeur ! En revanche, si l'on remarque une grande aisance relationnelle et communicationnelle, on le placera là où ces qualités pourront être sublimées, à la négociation peut-être.

Stratégiquement, les managers qui connaissent bien leur point fort ont cherché à déléguer au maximum ce qu'ils n'aiment pas faire (s'entourant, s'ils le peuvent, d'un adjoint complémentaire dans ses qualités), ou réduisent le temps qu'ils y passent au strict minimum. Inversement, ils ont organisé leur planning au maximum autour de leurs qualités, réservant le plus de temps possible aux moments qu'ils apprécient. Ces managers, confrontés à des contextes nouveaux ou à fort enjeu, auront toujours ce même réflexe stratégique : qu'il s'agisse de conduire un changement important ou de prendre un nouveau poste, ils cherchent à construire un plan le plus aligné possible avec leurs qualités naturelles.

« On ne gagne (et on ne perd) que sur ses points forts »

Le point faible, un faux problème ?

Pourquoi, alors même que la stratégie des points forts semble n'avoir que des vertus, continue-t-on à vouloir faire travailler aux gens leurs points faibles ?

Sans doute, malgré l'évidence, reste-t-il encore de nombreux freins culturels à encourager résolument le développement des points forts, que ce soit dans l'éducation, dans le sport ou dans l'entreprise.

Parmi ces freins, il y a une croyance… toute aussi fausse qu'elle est répandue. Cette croyance légitime souvent l'acharnement sur les points faibles. Elle consiste à penser que les points faibles sont généralement la source de nos difficultés, de nos erreurs ou de nos échecs. C'est pourquoi, en toute logique, il faudrait à tout prix s'en débarrasser.

Une analyse plus attentive remet en cause le diagnostic et la conclusion qui en découlent. Ce qui est indéniable, c'est qu'en situation difficile ou lors d'un échec, le point faible est souvent l'élément le plus visible, l'accusé le plus évident.

Ainsi, lors d'un conflit, verra-t-on évidemment l'incapacité du manager « trop » gentil à trancher ou à recadrer. De même, dans une intervention publique ratée, les défauts de l'orateur apparaîtront de façon criante : sa gestuelle étriquée, ses tics verbaux, sa voix mal placée, etc. Dans un match de tennis, encore, les revers trop longs ou arrêtés par la bande du filet fourniront une explication convaincante à la défaite.

Bien qu'évidentes en apparence, ces analyses sont un peu courtes... Elles confondent le symptôme et l'origine du mal. En effet, si les points faibles sont le symptôme des difficultés ou de l'échec, ils n'en sont pas pour autant la source première.

L'échec nait de points forts oubliés ou négligés

Le conflit s'enracine, à l'origine, dans une relation mal posée, pleine de non-dits, laissée pour compte par un manager empathique, préférant passer du temps avec des collaborateurs plus aimants. Bien sûr, une fois déclenché, le conflit révèle (s'il en était besoin), son manque d'autorité... pour mieux cacher le vrai problème. De même, le cas de cette intervention publique ratée place l'orateur en mauvaise posture : mais s'il est si mal à l'aise dans sa prise de parole, n'est-ce pas aussi parce qu'elle est insuffisamment préparée et solide sur le fond, qui pourtant, de l'avis de tous, constitue un de ses points forts ? Le champion de tennis, pour finir, doit-il doubler son entraînement sur ce maudit revers qui n'a jamais fait partie de ses points forts ? Ou comprendre, plus simplement, que ses erreurs en revers sont la conséquence de son incapacité à imposer à son adversaire, lors de ce match, le jeu qui habituellement lui réussit ?

Le point faible est un leurre : il s'impose souvent dans les analyses, les débriefings ou autres RETEX (retours d'expérience dans la très chic novlangue managériale) comme l'explication clé des échecs ou des difficultés, alors même qu'il n'est, dans bien des cas, qu'un symptôme cachant le vrai mal – surtout quand le diagnostic révèle un point faible connu depuis toujours. Ce vrai mal se découvre dans les points forts : des points forts insuffisamment travaillés, inutilisés ou négligés, par inconscience (on les connaît mal, ce qui conduit à de mauvais choix tactiques), par manque de travail (on ne comptait que sur le talent et on manque de technique), par égarement (on m'a poussé dans une stratégie de travail sur les points faibles).

Cas d'entreprise

Sommes-nous toujours aussi forts sur nos points forts ?

Cette entreprise, que nous avions accompagnée un temps, avait connu une belle phase de croissance, suivie d'une période plus difficile, alors qu'elle était confrontée au renforcement de concurrents très agressifs sur les prix. Positionnée sur le haut du marché, reconnue pour la qualité de ses produits, elle était en train de perdre des parts de marché, un nombre croissant de clients se laissant séduire par des tarifs plus alléchants.

Inquiet, le PDG avait rassemblé ce jour-là son comité de Direction, décidé à définir une stratégie de contre-attaque pour les mois à venir. Un tour de table avait alors été initié, et chaque Directeur était appelé à livrer son analyse et ses recommandations. Dès les premières prises de parole, un débat s'annonçait : pour les uns, les baisses de parts de marché apportaient la preuve que l'écart entre les prix de vente des produits de l'entreprise et ceux de la concurrence étaient devenus rédhibitoires. Il fallait, enfin, mettre en œuvre la baisse des prix qu'ils réclamaient depuis déjà plusieurs mois, ou pourquoi pas, lancer rapidement un produit bas de gamme pour contrer les attaques concurrentielles. Pour d'autres, au contraire, les progressions de la concurrence n'indiquaient en réalité qu'une seule chose : la qualité des produits de l'entreprise ne justifiait plus l'écart de prix de vente.

Le PDG, jusque-là silencieux, prit assez vite position. Il rappela l'histoire de l'entreprise, expliquant que l'innovation d'une part, la qualité d'autre part, constituaient les deux piliers de son succès. À l'origine de la phase de croissance, il y avait une gamme de produits plébiscités par les clients. « Nous avions une vraie longueur d'avance sur nos concurrents à cette époque… et aucun problème de prix – même si, déjà, nous étions de loin les plus chers. Choisir de baisser nos tarifs reviendrait à renier nos atouts, notre ADN. En laissant nos concurrents nous imposer leur stratégie, nous verrons nos marges diminuer, nous forçant à économiser, donc sans doute à rogner sur les budgets de R&D et sur la qualité des produits, prêtant un peu plus le flanc encore aux attaques… Nous devons très vite nous recentrer. Depuis combien de temps n'avons-nous pas lancé d'innovation forte sur notre marché ? Qu'avons-nous réellement fait comme progrès en termes de qualité ces derniers mois ? Voilà les questions que nous devons nous poser et surtout les pistes sur lesquelles nous devons très rapidement progresser… ».

« On ne gagne (et on ne perd) que sur ses points forts », affirmait Pete Sampras dans ces années de gloire. Dès qu'une panne de motivation, une baisse de confiance, un pépin physique ou un manque d'entraînement survenait, il savait alors qu'il risquait d'être un peu moins performant que d'habitude sur ses points forts... laissant alors à ses adversaires la possibilité de pilonner ses points faibles – donnant alors raison aux observateurs partisans du travail acharné sur les points faibles ! Quand les points forts faiblissent, le point faible apparaît plus fort. Quand les points forts se renforcent, le point faible tend à disparaître !

À l'instar de ce CODIR, gardons en mémoire ces quelques questions réflexes à se poser, en période difficile ou après un échec :

- Que faisions-nous avant, quand les résultats étaient là ?
- Le fait-on encore suffisamment bien ?
- A-t-on progressé sur ces points forts ces derniers temps ?
- Sommes-nous encore différenciants sur ces thèmes-là ?
- Comment le redevenir ?

Miser sur ces points forts n'est donc pas seulement une question de confort, de plaisir ou de motivation. C'est un enjeu vital. Le point fort est à la fois la clé du succès – pour autant qu'on le travaille et qu'on sache bâtir une stratégie « alignée » avec ce point fort. Mais il est aussi l'explication à nos difficultés et nos échecs : dès qu'on s'en éloigne, dès qu'on cesse de le travailler, dès qu'on se laisse distancer, on court le risque de perdre en puissance, en efficacité, en confiance, tout en prêtant le flanc sur nos points faibles.

Chez un individu, quelle que soit son activité, dans une entreprise ou une équipe, les points faibles sont des freins : dans certaines situations, ils ralentissent la progression, la gênent, voire la stoppent. Mais lever les freins n'a jamais permis d'avancer.

Pour avancer, il faut un moteur qui entraîne, anime : les points forts sont ce moteur (dont le carburant est la confiance).

L'essentiel

- **Si beaucoup de managers** cherchent à tout prix à corriger leurs points faibles, c'est parce qu'ils pensent, à tort, que ces points faibles sont l'origine de leurs difficultés, voire de leurs échecs.
- **En réalité, en management,** comme dans d'autres domaines, les difficultés et les échecs proviennent généralement de la même origine : des points forts insuffisamment travaillés ou abandonnés.
- **Dès lors, la stratégie de progrès et de succès** la plus efficiente (rapport effort/résultat) et la plus motivante (plaisir, confiance, congruence) consiste à renforcer jour après jour ses points forts, en veillant à « aligner » au maximum ses pratiques sur ses qualités naturelles.

Chapitre 12

Comment bâtir un plan de progrès sur ses forces ?

Executive summary

- **Même si la stratégie des points forts** impose de construire son développement sur ses forces, il n'en demeure pas moins qu'il nous faut aussi composer avec des missions ou des situations dans lesquelles nous nous confrontons à nos manques.
- **C'est notamment le cas dans l'exercice** de la relation managériale, dont nous avons vu qu'elle impliquait d'investir six dimensions exigeant toutes les qualités et leurs contraires.
- **La question qui se pose est bien :** comment, à l'aide des qualités naturelles que l'on possède, réussir à se rapprocher du « modèle » idéal ?

Traduire le principe de concentration sur les points forts en engagement concret et pratique revient à bâtir un plan de progrès structuré sur les points suivants.

1. Identifier ses points forts

Différents outils de connaissance de soi existent, qui peuvent aider à cerner ses qualités naturelles. Celui que nous utilisons, dans nos missions d'accompagnement, s'appelle TLP Navigator : il fait ressortir, de façon claire, nos « préférences au travail ». Même sans ce type d'outil, il est facile d'identifier ses points forts, en répondant à quelques questions simples (ou en demandant à son entourage d'y répondre) :

- Qu'est-ce que je fais bien, naturellement, sans avoir à me forcer ?
- Quelles sont les situations dans lesquelles mon équipe me reconnaît ?
- Quelles sont les qualités qu'on m'attribue le plus souvent ?
- Dans les six postures du management, quelles sont celles dans lesquelles je me reconnais le plus facilement ?

On peut noter, pour être complet, que derrière les points forts (les domaines dans lesquels on agit avec efficacité et facilité), il y a bien souvent une qualité intrinsèque, un trait de personnalité. L'idéal est de découvrir cette qualité « racine », clé de la réussite quelle que soit l'activité entreprise... à la condition de trouver, dans chacune de ces activités, le bon chemin pour progresser et réussir (la bonne stratégie).

2. Définir son « style » de management

C'est identifier les postures managériales qui valorisent et utilisent le mieux la qualité naturelle, et réunir les conditions pour y consacrer 80 % de son temps de manager.

Se concentrer sur ses points forts, c'est bâtir un planning type (journée, semaine ou mois idéal) autour de temps forts de management alignés avec ses atouts.

Un manager doué de qualités relationnelles pourra privilégier bien sûr les moments d'échange informels avec ses collaborateurs : le café du matin, les déjeuners, les pauses, les discussions au coin d'une porte seront sans doute pour ce manager, des temps clés, là où un manager plus structuré, préférera certainement s'appuyer sur des réunions organisées ou des entretiens de suivi séquentiels.

À l'inverse, le manager, s'il en a les moyens, pourra déléguer certaines parties de sa mission (sur ses points faibles) à un adjoint ou à des collaborateurs mieux « armés » que lui – cette délégation étant évidemment assortie d'un contrôle, comme toute délégation.

Définir son style de management, c'est affirmer des choix stratégiques forts dans l'animation de son équipe.

3. Privilégier les tactiques « alignées »

Une fois affirmé son style de management, le manager se trouve donc, le plus souvent possible, dans des situations que, par définition, il maîtrise.

Mais, au quotidien bien sûr, ou de façon plus ponctuelle, il est confronté à des enjeux imprévus, parfois inédits, cruciaux ou plus anecdotiques : intégrer un ou plusieurs collaborateurs, prendre la tête d'une nouvelle équipe, conduire un changement, rebondir après un échec collectif (un trimestre très en deçà des objectifs fixés par exemple), etc.

Jouer sur ses forces, c'est savoir, face à ses enjeux, choisir un plan d'action le plus aligné possible avec ses qualités. Dans l'exemple de l'annonce d'un changement, un manager « relationnel » pourrait choisir de profiter d'un de ces temps informels qu'il a chaque matin avec son équipe, pour engager une discussion à bâtons rompus sur le changement à venir. Un manager « structuré », moins à l'aise dans la relation, aurait plutôt besoin de construire un discours d'annonce du changement, précis, argumenté, rationnel. La prise de poste du premier, pour donner une seconde illustration, ferait idéalement de la construction de « ponts relationnels » une priorité, privilégiant pour cela de multiples contacts informels. Le second passera probablement plus de temps dans l'élaboration d'un diagnostic et d'axes de travail.

Cela revient à accepter l'idée, que face à un enjeu donné, il n'existe pas de plan universel : il y a différents schémas tactiques qui peuvent mener au même résultat... Le débat est de trouver celui dans lequel chacun sera le plus efficient possible au regard de ses points forts.

4. Identifier ses « situations critiques »

En dépit des efforts que l'on peut faire pour se placer le plus souvent possible en situation de force, on ne peut échapper au fait de rencontrer des situations dans lesquelles on ne possède pas les qualités nécessaires.

On appelle ces situations, des « situations critiques ». Parce qu'elles confrontent le manager à ses points faibles, il lui arrive de les fuir ou de les aborder avec la mauvaise posture (c'est-à-dire de mettre en œuvre dans ses situations, ses qualités naturelles, ici, décalées avec les qualités nécessaires). De fait, ces « situations critiques » représentent bien un risque : c'est la raison pour laquelle il est important de les connaître, se savoir les repérer, voire d'être en mesure de les anticiper.

Un manager qui manquerait d'aptitudes à s'affirmer, qui aurait tendance à redouter les conflits, à les fuir dès qu'ils s'annoncent, peut utilement apprendre à repérer les micro-signes qui apparaissent souvent en amont : fatigue, agressivité, démotivation, erreurs, oublis, revendications de moyens... sont autant d'indicateurs qu'il pourra percevoir le plus tôt possible. À ce moment-là, il s'agira, pour traiter ces micro-signes, de passer du temps avec le collaborateur, de l'écouter, d'essayer de comprendre les sources de cette démotivation qui, si elle n'était pas prise en compte, mènerait peut-être au conflit tant redouté. Et ça tombe bien, cette posture d'écoute correspond bien à ce que ce manager aime faire et sait faire !

Identifier les « situations critiques », c'est décortiquer les mécanismes qui y mènent, pour autant que faire se peut, les anticiper, ou tout au moins, les reconnaître à temps. Car dans bien des cas, rien ne pourra empêcher leur apparition : il faudra bien alors les affronter tout de même.

5. Jouer « basique » dans les situations critiques

Concentré sur l'amélioration de ses points forts, le manager n'a pas cherché, jusqu'ici, à travailler ses points faibles.

Mais, malgré tout confronté dans son management à ces situations qu'il n'aime pas (les 20 % de son temps de manager restant), il doit apprendre à réagir au mieux... ou le moins mal possible.

L'enjeu, dans ces moments-là, consiste à acquérir des réflexes basiques, à s'en tenir à l'application de gestes (ou souvent en management de phrases) simples, faciles à jouer même pour qui ne possède pas les qualités qu'il faudrait idéalement.

Malgré tout obligé à un recadrage, le manager empathique se contentera par exemple de préparer soigneusement les quelques phrases de l'entretien d'autorité auquel il devra convoquer son collaborateur. Il les répétera s'il le faut, et face au salarié ensuite, veillera à dérouler simplement le discours préparé. Ce faisant, il n'aura sans doute pas joué le meilleur entretien de sa carrière... mais l'expérience lui montrera sans doute que finalement, il est parfaitement capable de gérer ce genre de situations.

Travailler ses points faibles en tant que tel ne fonctionne pas quand on cherche à développer des qualités que l'on n'a pas. Mais apprendre à gérer, de façon « basique », les situations critiques permet généralement de progresser rapidement et facilement dans des domaines que l'on croyait inaccessibles.

« Stratégique » sur ses points forts, « basique » sur ses points faibles, pourrait constituer le résumé de la démarche proposée ici. Puisqu'un manager est décisif du fait de ses qualités (grâce à ses qualités naturelles il peut réussir, en les négligeant ou en s'en décalant, il peut échouer), autant y consacrer du temps... pour se contenter, par ailleurs, sur ses points faibles, d'une discipline basique.

La portée de cette logique dépasse largement le cadre du management. Dans l'éducation des enfants, le sport, ou encore le pilotage stratégique d'une entreprise, les perspectives qu'elle ouvre sont immenses.

Mais adopter cette logique implique de changer de paradigmes :

- **La réussite n'implique pas la perfection.** On n'échoue pas parce qu'on a des défauts... on échoue parce qu'on est insuffisamment concentré sur nos talents. L'enjeu n'est pas de trouver ce qui manque à l'individu ou à l'entreprise, mais d'identifier ses atouts et de les développer, encore et encore.
- **La réussite n'implique pas la souffrance.** « Souffrir pour mériter son paradis », « On n'a rien sans rien », « Travailler plus pour gagner plus »... le lien souffrance/résultat est culturellement inscrit dans beaucoup de domaines, justifiant la dure logique du travail sur les points faibles. La stratégie des points forts est une route moins pénible, moins difficile, moins stressante. Elle implique aussi des efforts, mais qui, consentis sur un chemin facile, s'associent plus au plaisir, à la confiance et au progrès, qu'à la souffrance. La logique des points forts n'est pas un refuge pour paresseux : c'est l'unique vraie stratégie de succès. Certainement parce que c'est la seule qui concilie plaisir et efficacité.

Parce que décider de se mettre en progrès exige plus qu'une simple intention, nous vous proposons de poser par écrit ce plan personnel de progrès managérial, en vous aidant du tableau suivant.

PPPM Plan Personnel de Progrès Managérial	Nom	Date

1 Mon point d'appui majeur

Ce sur quoi je dois asseoir mon style de management. C'est sur cette dimension que je dois continuer à :
- *Me concentrer (temps passé)*
- *Me former*
- *Innover, créer, oser*
- *...*

2 Autour de ce point fort, quels progrès pourrais-je encore réaliser ?

Ce sur quoi je peux m'engager à travailler, dans l'alignement de mon point fort, et qui me permettrait de gagner encore en efficacité.

Quoi ?	*Quand ?*	*Comment ?*

3 Quelles sont les situations de management que j'ai du mal à bien gérér ?

Ce sur quoi je dois acquérir quelques réflexes de base (basiques), sans chercher à exceller, juste pour éviter les difficultés.

Situations	*Basiques à respecter*

Figure 12.1 – Le plan personnel de progrès managérial

L'essentiel

Mettre en œuvre une stratégie de développement de ses points forts implique de répondre aux questions suivantes :

- Quels sont mes points forts ?
- Quel serait le « style » de management qui valoriserait le mieux ces points forts ?
- Quelles tactiques dois-je privilégier, qui me permettraient le plus souvent de rester « aligné » avec mes qualités ?
- À l'inverse, quelles seraient les situations critiques auxquelles je pourrais me trouver confronté et qui exigent des qualités que je n'ai pas ?
- Quels sont les réflexes basiques à acquérir pour éviter ou gérer le moins mal possible ces situations ?

Conclusion

À l'heure de l'entreprise « libérée », de la révolution numérique, du virtuel, du 2.0 et des réseaux sociaux, écrire un plaidoyer pour la relation peut paraître incongru, ou pour le moins, dépassé.

C'est la fin de la relation, la mort du management, nous annonce-t-on un peu partout. Plus besoin de se déplacer pour faire ses courses : le e-commerce permet du bout des doigts d'accéder à tous les produits du monde ! Plus besoin de faire venir les élèves à l'école : les cours en ligne, les classes virtuelles, la profusion des connaissances accessibles sur Internet suffisent ! Plus besoin d'être présents au bureau tous les jours : la technologie donne à chacun la possibilité de travailler à distance, de chez lui comme de n'importe où dans le monde... Même sur les terrains de sport, la révolution est en marche : les objets connectés (raquettes, ballons, chaussures, etc.) ou les terrains truffés de caméras fournissent une mine d'informations, accessibles à distance, et donnant à chacun un retour sur les différentes composantes de sa performance... Que dire, enfin, de l'univers de la formation, secoué depuis quelques années par la montée en puissance du e-learning ?

Le monde moderne a-t-il totalement ringardisé la relation humaine, le face-à-face, le lien ?

Sauf à penser que la nature humaine profonde a changé, je me risque à avancer que la demande de relation demeure tout aussi forte qu'avant la révolution numérique : je crois qu'en tant qu'être humain, chacun a, et aura toujours besoin du regard des autres pour vivre, pour grandir, se développer, s'épanouir... Les baromètres de climat social faits dans les entreprises, les enquêtes réalisées dans différents univers répètent ce même besoin de contact.

Ce n'est donc pas tant du côté de la demande que se pose la question de mon point de vue que du côté de l'offre. Là où, il y a quelques années encore, le demandeur se trouvait « obligé » de vivre certaines relations qui ne lui apportaient rien (voire lui coûtaient), il a aujourd'hui la possibilité d'y échapper.

Il est effectivement beaucoup plus agréable de choisir un produit sur Internet que de se retrouver prisonnier d'un mauvais vendeur pressé de fourguer ses produits. Il est infiniment plus plaisant de travailler à son rythme sans les reproches, les demandes de reporting ou les injonctions incessantes d'un manager angoissé. Il est aussi plus reposant d'acquérir des connaissances en regardant une conférence passionnante sur Internet qu'en écoutant un formateur blasé de répéter les mêmes choses tous les jours...

Comme s'il y avait un marché de la relation, chacun cherche à maximiser son temps, son affect, sa motivation, pour l'investir prioritairement dans les liens qui lui apportent plus qu'ils ne lui réclament d'effort. Ce rapport entre Apport/Effort, développé dans la première partie du livre, est la clé de l'engagement durable de l'individu et de sa réussite.

La demande de relation n'a pas disparu. Bien au contraire, dans cet univers de communication (et non de relation), éphémère et virtuel, l'individu a plus que jamais besoin de ces managers motivants, ces moutons à six pattes, tels que décrits dans la deuxième partie.

Même si cette deuxième partie propose un « modèle » (le camembert rassemblant les six postures clés), il est bon de préciser qu'il ne s'agit, à aucun moment, de donner des techniques de management, des outils ou des recettes. Les fameuses « boîtes à outils » déballées dans beaucoup de formations au management ou de grandes écoles ont contribué à tuer l'esprit, à faire oublier les principes ici décrits, à réduire le management à une discipline sans âme. Techniquement armés, mais relationnellement maladroits ou absents, ces managers « formatés » ont rejoint les rangs des « mous-flous », laissant leurs équipes au mieux indifférentes, au pire démotivées. « On n'a jamais autant parlé de management dans l'entreprise », confessait un de mes clients DRH l'autre jour, « mais paradoxalement, il n'y a jamais eu aussi peu de relation ».

Voilà l'enjeu des années à venir : renouer avec les principes fondateurs et essentiels de la relation humaine, de toute relation humaine. Les outils de management en entreprise, les méthodes pédagogiques à l'école, les techniques d'animation en formation, ou encore les exercices d'entraînement sportif n'ont de sens que s'ils servent et appuient ce que la relation humaine construit.

Ils n'ont d'intérêt et de force que s'ils sont le prolongement de celui qui les utilise (manager, enseignant, formateur, entraîneur), un moyen d'affirmer, d'exprimer ou de communiquer ses convictions.

C'est bien le sens de la dernière partie consacrée à la promotion de la stratégie des points forts. Bien sûr, elle est une stratégie de progrès bien plus efficace que la traditionnelle volonté de correction des points faibles. Mais surtout, elle met en avant l'individu, affirmant ses qualités personnelles comme un atout à exploiter. Elle valorise la culture d'un lien « dur-sûr », dans lequel le manager est avant tout un être de conviction, de passion et d'émotion. Cet être-là n'est certes pas parfait, mais il a une âme (*anima* en latin, d'où le nom du cabinet que nous avons fondé : Animae). S'il y a bien une conviction qui nous anime, c'est celle-ci : c'est cette énergie profonde, cet enthousiasme qui construit et nourrit les relations motivantes.

Ce qui transparaît de ce monde dans lequel nous vivons, c'est que dans les entreprises, dans les écoles, dans les familles ou sur les terrains de sport, ce n'est ni de talents, ni de moyens, ni de compétences dont nous manquons… mais d'âme ! Les discours politiquement corrects insistent souvent sur ces différences, facteur de richesse… mais, en réalité, dans la plupart des espaces sociaux, l'exigence de « rentrer dans le moule » reste forte.

À nous, managers, enseignants, parents, entraîneurs, de trahir l'obligation de conformité pour s'engager dans l'affirmation paisible d'une singularité poussée à l'excellence, d'oser craquer le costume trop étriqué du « mou-flou », pour se tailler une tenue de « dur-sûr » à sa mesure ou, selon les cas, à sa démesure !

Des livres de Management/Leadership aux éditions DUNOD

- Aguilar M., *L'Art de motiver*, 2e éd., 2016
- Bachy B., Harache C. *et al.*, *Toute la fonction Management*, 2010
- Barabel M., Meier O., *Manageor*, 3e éd., 2015
- Barrand, *Le Manager agile*, 2e éd., 2012
- Barthélemy J., Mottis N., *À la pointe du management*, 2016
- Bartoli A., Blatrix C., *Management dans les organisations publiques*, 4e éd., 2015
- Ben Mahmoud-Jouini S., Charue-Duboc F., Midler C., *Management de l'innovation et globalisation*, 2015
- Bernard F., *Manager avec les philosophes*, 2016
- Bouana/ Lefevre, *Manager avec les outils du développement personnel*, 2014
- Boussuat B., David P., Lagache J.-M., *Manager avec les couleurs*, 2e éd., 2013
- Canetti C., Catinaud C., Koch T., *Manager l'urgence*, 2013
- Capsecur conseil, *Manager santé et sécurité au travail*, 2013
- CSP, *Les 5 clés du Management transversal*, 2013
- CSP, *Les 5 clés pour réussir ses premiers pas de manager*, 2014
- Desplats M., Pinaud F., *Manager la génération Y*, 2e éd., 2015
- Drecq V., *Pratiques de management de projet*, 2014
- Gillet-Goinard F., Molet H., Monteiller G., *Happy management*, 2016
- Jakubowski B., *Stratégie et management du voyage d'affaires*, 2015
- Imbert M., *Communication managériale*, 2015
- Juët R., *La boîte à outils du manager*, 2e éd., 2014
- Le Saget M., *Le manager intuitif*, 3e éd., 2013
- Liger P., Rohou G., *L'empowerment*, 2016
- Lugan J.-P., *Manager l'imprévisible*, 2013
- Picq T., *Manager une équipe projet*, 4e éd., 2016
- Prax J.-Y., *Manuel du Knowledge Management*, 3e éd., 2012
- Reyre I., Lippa M., *E-management*, 2015
- Stern P., Schoettl J.-M., *La boîte à outils du management*, 2e éd., 2013
- Szostak B., Lenfant F., *La boîte à outils du design management*, 2015
- Testa J.-P., Déroulède B., *La boîte à outils du management transversal*, 2015
- Testa J.-P., Lafargue J., Tilhet-Coartet V., *La boîte à outils du leadership*, 2013

74827 - (I) - OSB 90° - NOC - MLN

JOUVE
1, rue du Docteur Sauvé, 53100 MAYENNE
N° 2384768W
Dépôt légal : juin 2016

Imprimé en France